RESILIÊNCIA
» ÁGIL

RESILIÊNCIA » ÁGIL

Aprenda as práticas ágeis **(SCRUM)** para transformar seus projetos pessoais e profissionais

Carlos Coutinho

ALTA BOOKS
E D I T O R A
Rio de Janeiro, 2021

Resiliência Ágil

Copyright © 2021 da Starlin Alta Editora e Consultoria Eireli.
ISBN: 978-65-5520-613-5

Todos os direitos estão reservados e protegidos por Lei. Nenhuma parte deste livro, sem autorização prévia por escrito da editora, poderá ser reproduzida ou transmitida. A violação dos Direitos Autorais é crime estabelecido na Lei nº 9.610/98 e com punição de acordo com o artigo 184 do Código Penal.

A editora não se responsabiliza pelo conteúdo da obra, formulada exclusivamente pelo(s) autor(es).

Marcas Registradas: Todos os termos mencionados e reconhecidos como Marca Registrada e/ou Comercial são de responsabilidade de seus proprietários. A editora informa não estar associada a nenhum produto e/ou fornecedor apresentado no livro.

Impresso no Brasil — 1ª Edição, 2021 — Edição revisada conforme o Acordo Ortográfico da Língua Portuguesa de 2009.

Erratas e arquivos de apoio: No site da editora relatamos, com a devida correção, qualquer erro encontrado em nossos livros, bem como disponibilizamos arquivos de apoio se aplicáveis à obra em questão.
Acesse o site www.altabooks.com.br e procure pelo título do livro desejado para ter acesso às erratas, aos arquivos de apoio e/ou a outros conteúdos aplicáveis à obra.

Suporte Técnico: A obra é comercializada na forma em que está, sem direito a suporte técnico ou orientação pessoal/exclusiva ao leitor.

A editora não se responsabiliza pela manutenção, atualização e idioma dos sites referidos pelos autores nesta obra.

Produção Editorial
Editora Alta Books

Gerência Comercial
Daniele Fonseca

Editor de Aquisição
José Rugeri
acquisition@altabooks.com.br

Produtores Editoriais
Illysabelle Trajano
Maria de Lourdes Borges
Thales Silva
Thiê Alves

Marketing Editorial
Livia Carvalho
Gabriela Carvalho
Thiago Brito
marketing@altabooks.com.br

Equipe de Design
Larissa Lima
Marcelli Ferreira
Paulo Gomes

Diretor Editorial
Anderson Vieira

Coordenação Financeira
Solange Souza

Assistente Editorial
Luana Goulart

Equipe Ass. Editorial
Brenda Rodrigues
Caroline David
Luana Rodrigues
Mariana Portugal
Raquel Porto

Equipe Comercial
Adriana Baricelli
Daiana Costa
Fillipe Amorim
Kaique Luiz
Victor Hugo Morais
Viviane Paiva

Atuaram na edição desta obra:

Revisão Gramatical
Catia Soderi
Helder Novaes

Layout e Diagramação
Joyce Matos

Capa
Marcelli Ferreira

Ouvidoria: ouvidoria@altabooks.com.br

Editora afiliada à:

Dados Internacionais de Catalogação na Publicação (CIP) de acordo com ISBD

C871r Coutinho, Carlos
Resiliência Ágil: aprenda as práticas ágeis (SCRUM) para transformar seus projetos pessoais e profissionais / Carlos Coutinho. - Rio de Janeiro : Alta Books, 2021.
256 p. ; il. ; 16cm x 23cm.

Inclui bibliografia e índice.
ISBN: 978-65-5520-613-5

1. Administração. 2. Scrum. 3. Projetos pessoais. 4. Projetos profissionais I. Título.

2021-3027
CDD 658
CDU 65

Elaborado por Vagner Rodolfo da Silva - CRB-8/9410

Rua Viúva Cláudio, 291 — Bairro Industrial do Jacaré
CEP: 20.970-031 — Rio de Janeiro (RJ)
Tels.: (21) 3278-8069 / 3278-8419
www.altabooks.com.br — altabooks@altabooks.com.br

Dedico este trabalho a minha esposa Claudia e meus filhos Larissa e Lucas, pelo constante carinho, e a minha mãe Maria da Glória, por suas fraternas orações.

Agradecimentos

Agradeço a todos que de alguma forma contribuíram para a realização desta obra. Primeiramente a minha família, nas figuras de minha esposa e meus filhos, pelo incondicional carinho e compreensão.

Aos grandes profissionais e mentores que me ajudaram de alguma forma a construir esta obra, sendo leitores voluntários, ao longo das Sprints que fiz para construir este livro, doando seu tempo, fornecendo-me feedbacks importantes e construtivos num verdadeiro processo de melhoria contínua.

À Alta Books, por *novamente* acreditar no meu trabalho e possibilitar a continuidade desta parceria.

A todos meus leitores que de alguma forma me incentivaram a seguir com um novo conteúdo, motivando-me a sempre escrever com muito carinho e dedicação.

E, finalmente, aos meus queridos alunos, que sempre serão minha fonte perene de aprendizagem contínua e que muito me ajudam a renovar meus pensamentos e crenças de vida para escrever esta nova obra.

Sobre o Autor

Carlos Coutinho Fernandes Júnior tem 25 anos de experiência na área de gestão de processos, agronegócio, petroquímica e serviços, no Brasil e também em outros países. Executivo da área de inovação e melhoria contínua, é doutor em Engenharia pela Universidade Federal de Santa Catarina, possui MBA em gestão empresarial pela Unicamp e atua como professor convidado dos cursos de pós-graduação ligados a manufatura e Indústria 4.0 da Escola Politécnica da PUC- PR. É também autor do livro *A tríade da competência*.

Sumário

Sobre este Livro xiii

Como este livro está organizado xv

PARTE 1: DECIDINDO SER ÁGIL 3

    Capítulo 1:   Introdução: O mundo está mudando rápido. E você? 4

    Capítulo 2:   Entendendo as práticas ágeis 16

    Capítulo 3:   Entendendo a estrutura do Framework Scrum e mãos à obra 42

PARTE 2: INSPIRANDO-SE EM EXEMPLOS PRÁTICOS PARA ADOTAR O ÁGIL 83

    Capítulo 4:   Caso de aplicação: Como seria em uma grande organização 84

    Capítulo 5:   Caso de aplicação de como planejei e escrevi meu primeiro livro usando o Scrum 120

    Capítulo 6:   Aplicação ampla do ágil: Um universo de oportunidades e sua conexão com o Lean Manufacturing 148

PARTE 3: AÇÃO! APLICANDO E VIRANDO CULTURA 157

    Capítulo 7:   Criando o modelo mental, mindset ágil 158

    Capítulo 8:   A transição ágil e os cuidados que se deve tomar 172

    Capítulo 9:   O líder ágil e seu perfil 186

    Capítulo 10:   Seu roteiro: O passo a passo, para você executar seu projeto Scrum 204

Referências Bibliográficas 233

Índice 235

Sobre este Livro

A grande proposta deste livro é abordar de uma forma objetiva, mas bem-conceituada, o uso das práticas ágeis (em especial o Framework Scrum), demostrando sua grande utilidade e aderência para este momento atual, em que, para seguir em frente com seu negócio e até projetos pessoais, você precisa lidar com o ciclo de tempo mais curto no qual tudo vem acontecendo, pois você não tem mais o tempo de antes, de executar todas as fases de um projeto, seja um produto, um serviço ou até mesmo um sonho pessoal. É preciso buscar a segurança e a garantia de uma visão pelo menos preliminar já no seu início, se está dentro da expectativa ou muito fora, para rapidamente se corrigir a rota. Experimentar, não acertar na primeira versão continuará a fazer parte do risco natural de qualquer projeto de negócios ou pessoal, o que você precisará mudar e acelerar neste mundo atual é o ciclo de tempo que você terá para ajustar "o botão" e tornar SEU projeto exequível e vencedor. Essa é a grande proposta aqui! Conhecer a "transformação ágil" de uma forma objetiva que te permita decidir aplicá-la nos seus projetos, principalmente o Framework Scrum, que mostra como estruturar isso, como se fosse um *"modelo mental"*. Ao aprender essa base você terá condições de adaptar de acordo com sua real necessidade.

As práticas ágeis permitem dividir o seu projeto em módulos executáveis (as chamadas Sprints), e acompanhar os resultados em tempo real, possibilitando fazer de imediato as alterações necessárias, aumentando as chances de mantê-lo o máximo possível dentro da sua expectativa e, principalmente, do seu cliente. Hoje em dia, otimizar o tempo e acelerar a curva de aprendizado de equipes, com toda certeza, são valores essenciais para seus negócios e para sua vida.

Este jeito "ágil" que será apresentado para você executar seus projetos prioritários será bem contextualizado por exemplos práticos que vão da esfera pessoal a projetos de porte considerável. A forma pela qual as pessoas se organizam e interagem também será continuamente exposto aqui, pois esta é uma essência da prática ágil: entender a sua estruturação, em especial como os personagens e as equipes se organizam, interagem e quais "dinâmicas" de acompanhamento precisam acontecer para se produzir o conteúdo, o produto em funcionamento e não apenas o planejamento bem-feito e apenas "prometido".

O foco aqui é te sensibilizar, preparar e desafiar a aplicar este fantástico modo de trabalhar, acelerar o tempo a seu favor e aumentar a curva de aprendizagem e comprometimento da equipe envolvida.

Como este livro está organizado

O desafio de desenvolver este livro foi trazer a essência conceitual deste abrangente tema que são as práticas ágeis, em especial o Scrum, permitindo que até o leitor que não conheça o tema entenda e se sensibilize com a importância e a potencial utilidade para si, neste mundo de constantes desafios profissionais e pessoais.

Por não ser um assunto tão simples, pois envolve técnicas e também conceitos ligados a gestão e a liderança, começo a Parte I deste livro com três capítulos, em que busco de imediato no Capítulo I fazer uma leitura ampla do momento atual, o mundo V.U.C.A., e criar com VOCÊ um propósito de que precisamos acelerar rapidamente nossa curva de aprendizagem e por que vale nos aprofundarmos numa forma de estruturar com mais agilidade o *modus operandi* de planejar e executar nossos trabalhos pessoais e profissionais. Nos Capítulos 2 e 3, você aprenderá, de forma didática e dinâmica, sobre as práticas ágeis (o Manifesto Ágil e os princípios ágeis), em especial o Framework Scrum, que é uma estrutura dinâmica de se trabalhar, e quais são seus três grandes elementos: os papéis no time de trabalho, os eventos organizados de forma estruturada e cíclica e alguns itens importantes que chamamos de artefatos.

A Parte II tem por objetivo mostrar em definitivo por que você deve embarcar nesta fantástica jornada ágil. No Capítulo 4, apresento um exemplo estruturado (com o uso do Framework Scrum) com uma abordagem prática, mostrando sua aplicação em um projeto de uma grande organização, para te dar ainda uma boa visão da abrangência de utilização. Na sequência, o Capítulo 5 traz um exemplo de utilização das práticas ágeis em um projeto pessoal, onde relato a minha própria experiência sobre como escrevi meu primeiro livro, usando 100% o Framework Scrum na estruturação do projeto, descrevendo cada etapa e mostrando como o apliquei para gerenciar toda a criação do livro. O Capítulo 6 enfatiza a ampla utilização do Scrum em diversas áreas e também sua convergência de objetivos com o Lean Manufacturing.

A Parte III tem a finalidade de passar uma visão mais gerencial de cultura e manutenção do modelo ágil após aplicá-lo com sucesso em algum projeto. É abordado o âmbito da cultura organizacional e seus desafios, o perfil do líder ágil, quais seus conhecimentos e *skills* e como ele desenvolve um grande time com *mindset* ágil. Também há um capítulo bem prático e objetivo sobre quais são os pontos de atenção para não cair em armadilhas durante a transição para o ágil: diz que é ágil, mas não entrega o esperado. E por fim é apresentado um roteiro prático de implantação, para te guiar no primeiro projeto de como montar o Framework Scrum.

Toda leitura tem o propósito de gerar um consistente canal de informação, para auxiliar VOCÊ, leitor, nas suas reflexões e servir de apoio para suas tomadas de decisão para uma vida pessoal e profissional em constante crescimento.

DECIDINDO SER ÁGIL

Estes três capítulos iniciais são para te engajar no propósito do porquê aprender as práticas ágeis e trazer toda a base conceitual que permitirá a compreensão da potência desta fantástica jornada ágil.

Capítulo

Introdução: O mundo está mudando rápido. E você?

Gostaria de começar com um *desafio,* te convidando a pensar comigo durante *toda* esta leitura: em relação à situação de veloz mudança que vivemos nos últimos tempos, como *você* pode transformar tudo isso de uma forma positiva e encontrar forças e soluções para vencer esse grande desafio? O primeiro ponto que destaco é que todos esses impactos do mundo externo a nossa volta mudaram muito nossos hábitos e atitudes com um viés muito genuíno de autodefesa da vida, que, sem dúvida, é nosso bem mais precioso! Com essas fortes mudanças, temos que admitir que alguns sentimentos não são muito fáceis de lidar, como o medo e a incerteza, pois situações de muito impacto alteram nossa forma natural de viver e tocar a vida tirando-nos da habitual zona de conforto.

Então, e daí? Como lidar com tudo isso, que afeta nossas vidas, nossos empregos e nível de sobrevivência? Existe algum modelo ou fórmula padrão? Infelizmente não, até pelo fato de que a forma que isso afeta cada um de nós tem uma intensidade diferente, o que faz muita diferença nos nossos pensamentos e atitudes frente a um problema. MAS, acredito que existem alguns "gatilhos" que todos nós podemos buscar para um pleno enfrentamento com mais intensidade positiva que gostaria de abordar aqui com você. Na verdade, são cinco pontos interligados que vou expor na sequência!

O esforço coletivo que está ocorrendo e tem sido transformador para o mundo

Todas as nações estão pensando de uma forma *mais coletiva* e com *atitude de comunicação e execução* muito mais *rápida e coordenada*. Isso implica em novas formas de se mobilizar, de reinventar modelos de negócios, de se relacionar, de rever as reais necessidades humanas e capacidade de criação de cadeias mundiais de ajuda, pelo bem da preservação da vida e da estrutura social. Pode parecer um discurso pacifista, mas não é! Com certeza muitos estão com essa percepção e isso deve servir para cada um de nós como uma inspiração individual para olharmos para frente e vermos o que podemos aprender com tudo que estamos vivenciando!

Uma visão de resiliência: a sua vida nunca é interrompida por um revés, mas sim transformada

Aqui volto na questão da transformação que todos passamos continuamente, na forma de trabalhar, de se relacionar, de se cuidar, de ver o outro, de conviver com os familiares em casa. Pense nas pequenas coisas positivas que você pode extrair após uma grande turbulência, que teria chance de incorporar como hábito positivo na sua vida. Por exemplo, a forma de lidar com essas mudanças cada vez maiores, como a digitalização chegando forte na nossa vida e no nosso trabalho, a era *home office* que já existia timidamente, mas se instalou nos últimos tempos de forma significativa.

Neste ponto, proponho uma reflexão: VOCÊ pode transformar esses novos hábitos, a princípio "forçados" por algumas circunstâncias (como a pandemia, a crise econômica), em insumos para melhorar definitivamente seus hábitos de vida e ser um aliado para suas novas conquistas? Pense nisso! É só olhar a nossa volta, quantos exemplos de coisas novas que aprendemos e estamos praticando e quantos desses novos aprendizados farão parte do "novo jeito" de fazer as coisas. Aprendizagem tem muito a ver com humildade, com você admitir que aprender coisas novas pode transformar sua vida positivamente.

Os pesos da nossa balança da vida mudam com frequência

Isso também não é difícil de se visualizar no momento atual. O primeiro fato seria a forma como estamos encarando a nossa saúde de um tempo para cá, que a princípio víamos sempre em "nossas mãos" e hoje em dia observamos que não é bem assim, que mais do que nunca nossos comportamentos podem fazer diferença na nossa saúde e na do próximo, como autoproteção, alimentação e prática de esporte. Todos nós estamos reaprendendo que a vida tem alguma hierarquia de prioridades e saúde é uma das principais. Que tal incorporarmos novas atitudes para aumentar o "peso" do item saúde e blindá-lo em nossas vidas? Isso certamente fará diferença na potência que teremos, para daqui em diante encararmos novos desafios, criarmos novos modelos de negócios e executarmos projetos pessoais. O "ser intenso" e dedicado muito terá a ver com o equilíbrio de nossa saúde e felicidade, que são as molas reguladoras de tudo.

Então quando falarmos de sermos ágeis e eficazes, isso com certeza passará pelo equilíbrio constante de nossas vidas sem burlar a "regra mãe", que é a estabilidade de nosso bem-estar e saúde.

Um grande e poderoso propósito vem depois de uma grande provação

Para contextualizar isso, vamos lembrar do Japão, nação admirável que, como muitos outros países, foi devastado após a segunda guerra mundial. Essa situação proporcionou aos japoneses o desafio, nas décadas seguintes (em especial nas décadas de 1960 e 70), de focarem na reconstrução do país. Investindo em tecnologia e utilizando uma grande fortaleza de sua cultura , a *disciplina*, se transformou em um excelente diferencial nessa retomada e, hoje, tem várias de suas técnicas e metodologias de gestão copiadas pelo mundo inteiro. Podemos fazer uma analogia com o momento recente e atual nosso? Claro que sim! O que vivemos recentemente neste cenário de saúde pública mundial também é uma guerra! A diferença é que podemos transformar essa guerra em uma que exista um SÓ lado e na qual todos, e principalmente você, aprendam e se desenvolvam! Veja que oportunidade! Esta será a essência de meu trabalho com você aqui: desenvolver uma estrutura, um modelo mental de atuação que te permita experimentar e executar com agilidade, sem abrir mão do bom planejamento, mas acelerando sua oportunidade de corrigir a rota rapidamente e, dessa forma, antecipar sua curva de aprendizado, fortalecendo cada vez mais seu propósito naquele objetivo/projeto que você estabeleceu.

Ser ágil e resiliente é aprender continuamente com as mudanças

Relembrando meu livro *A tríade da competência*, a palavra resiliência vem da física, referindo-se à propriedade que certos materiais possuem de recompor a sua forma original após terem sofrido uma deformação ou transformação. Buscando adaptar para um contexto de aprendizado contínuo, seria a capacidade de se reerguer e se adaptar às mudanças, principalmente após alguma situação crítica como a atual. Se trabalharmos mais esse conceito, podemos dizer que ser resiliente em um momento de desafio é a capacidade que temos de nos adaptar positivamente a situações de pressão, adversidades, desafios e transformações, mantendo o foco, a produtividade e a eficácia. Para este mundo em constante transformação, desafios de cenários de economia e globalização, com intensa renovação de tecnologias, a característica de resiliência é, sem dúvida, uma importante competência a ser desenvolvida! Vamos aproveitar esta oportunidade!

Que tal trabalharmos todos juntos em uma onda positiva e aproveitar o momento como grande oportunidade de maturação pessoal e profissional, aprendendo estruturas de trabalhos ágeis que realmente criem esta condição?

Entendendo melhor o cenário: esse tal mundo V.U.C.A.

Bom, como tenho dito a você, sim, o mundo está mudando de uma forma absurdamente acelerada já há algum tempo (décadas? Anos? Meses?). E a partir desse novo e mutante cenário, perguntar sobre o futuro passou a ser algo bem mais difícil de se responder. Dentro desse contexto surgiu nos últimos tempos o termo tão citado atualmente, que tenta ao mesmo tempo resumir e integrar as situações que coexistem hoje, o chamado mundo V.U.C.A. Esse termo vem do inglês e é composto por quatro palavras: *Volatility; Uncertainty; Complexity; Ambiguity*. Vamos entender o que contextualiza cada palavra nessa sigla para entendermos suas correlações.

> **Volátil (Volatility):** tudo está mudando tão rapidamente, fazendo analogia ao sentido figurado da palavra, que opiniões e pontos de vista mudam com facilidade, são inconstantes e volúveis. Independentemente de onde você está inserido, seja meio social, área profissional afetada ou não pela crise, as mudanças são tão rápidas e em grande volume que se torna difícil prever os cenários seguintes, o que está por vir.

O que isso significa na prática: as estratégias traçadas que levam em conta o cenário de hoje podem simplesmente em pouco tempo não serem mais efetivas para chegar ao resultado de médio e até de curto prazo. O planejamento necessita ter cada vez mais *inputs* de atualização de cenários novos para correção de rota do plano de trabalho traçado.

> **Incerto (Uncertain):** reflete o desafio de se entender as relações de causa e efeito dos fatos de hoje, o que, muitas vezes, até equipes experientes têm dificuldade de fazê-lo. Esse conhecimento de hoje não será suficiente para entender as consequências futuras, pois existe uma grande incerteza na relação do tempo.

O que isso significa na prática: é muito comum fazermos *rollout* de projetos para outras áreas, por exemplo, mas com toda essa incerteza, em um curto tempo essa solução pode não ser mais totalmente aplicável como seria antes, e uma nova leitura de cenário deverá ser feita.

> **Complexo (Complexity):** a questão aqui é que cresceu muito a interdependência dos cenários. Os fatores externos influenciam cada vez mais no detalhe, dentro dos cenários internos das organizações e da sua vida pessoal. Dessa forma, as tomadas de decisão são muito mais difíceis de serem seguramente assertivas devido ao cenário ser muito mais complexo.

O que isso significa na prática: nessa situação de complexidade, dificilmente teremos aquelas ações "matadoras", a famosa "bala de prata". Pelo contrário, cada vez mais o esforço de execução será pautado em ações coordenadas e complementares, que exigirá muita sintonia "dentro" de grupos e "entre" grupos. Nessa situação, ouvir os clientes para não desalinhar suas necessidades será de extrema importância.

➤ **Ambíguo (Ambiguity):** o ambíguo neste contexto revela que não há respostas absolutamente corretas ou erradas, tudo depende da combinação de fatores e cenários. Nesse caso, trabalha-se muito com possibilidades, que necessitam ser avaliadas e até experimentadas para se fazer as escolhas, sem ter absoluta garantia de acerto. Nesse mundo ambíguo, as pessoas têm que fazer escolhas com a consciência de que estão renunciando outros pontos, que certamente terão consequências e deverão ser assumidas como parte da decisão inicial.

O que isso significa na prática: muitas vezes, em situações novas, até em uma visão de processos, como no caso de uma inovação disruptiva, que trata de desenvolver um novo modelo de produto ou serviço, será muito difícil saber o impacto de curto e médio prazo dessa transformação, já que não se tem uma base histórica para comparar e afirmar o que é correto ou não. O novo cenário deverá ser experimentado, gerando margem para diversas interpretações, em que todas as hipóteses devem ser consideradas e avaliadas antes de serem descartadas.

Calma! Não se assuste! Esse é o mundo V.U.C.A. cada vez mais presente e, como em toda situação inevitável, o ideal é VOCÊ aceitar esse fato, adaptar-se e, em especial, se preparar para esse novo Mundo, buscando como primeiro passo entender os impactos disso no seu dia a dia.

- *Volatility* (Volátil)
- Cenários mudam rapidamente. Faça leituras constantes.

- *Uncertainty* (Incerto)
- O que se sabe hoje não é suficiente para entender o amanhã.

- *Complexity* (Complexo)
- Não há ação única. E, sim, uma rede integrada de soluções.

- *Ambiguity* (Ambíguo)
- Difícil de definir o certo e o errado. Teste hipóteses.

Figura I: Mundo V.U.C.A. e como podemos reagir a ele

E daí?
É para caminhar ou correr?

Aqui estou esboçando com você de forma muito transparente esse cenário real e inevitável que a princípio não tem volta, onde temos que buscar caminhos de adaptação, de preferência com muito aprendizado convergente para nossos objetivos de vida e carreira, os quais não devem ser de forma alguma abdicados frente a um cenário de adversidade. Como afirmei anteriormente, transformação sim, interrupção não! O foco nos propósitos deve continuar, porém você deve ter plena consciência que os novos cenários atuais que abordei neste capítulo inicial devem ser considerados em qualquer estratégia de negócio ou mesmo planejamento pessoal.

Vai ficando claro que a forma de agir e trabalhar tem que progredir para se poder acompanhar esse mundo V.U.C.A., devendo nos proporcionar um ritmo de trabalho que não pule etapas e comprometa a qualidade do que está sendo feito, mas que literalmente acelere nossos ciclos de leitura e correção de rota, identificando, experimentando e corrigindo em uma velocidade maior do que antes. Essa será nossa conversa nos próximos capítulos.

Resumo:
Focando e agindo

Focando:

Em todos os capítulos (com exceção do Capítulo 10), você terá a seção final "Focando e agindo", cujo objetivo é reforçar os pontos essenciais de cada capítulo, sempre uma pequena provocação para você pensar e agir!

➤ Mudança não pode te assustar mais, já é o *modus operandi* constante do mundo, e você tem que se adaptar a isso.

➤ Antecipar cenário "não é sair fazendo rápido", mas analisar o tempo todo, conectar os fatos e, aí sim, agir!

➤ Não é a tecnologia que muda o mundo; e, sim, a decisão que você toma com o que fará com ela!

➤ Nada acaba, apenas se transforma. No caminho dos negócios, certo ou errado está sendo substituído por "depende".

Agindo:

➤ Faça um exercício de curva de aprendizado x mudança. Pense em dois desafios pelos quais passou nesses últimos meses. Faça duas perguntas e anote aqui.

1. O que aprendi nesse desafio?
2. Como posso incorporar esse aprendizado no meu jeito de agir, de viver?

Desafio 1: _____

Aprendizado: _____

Como incorporar: _____

Desafio 2: _____

Aprendizado: _____

Como incorporar: _____

Capítulo 2

Entendendo as práticas ágeis

Neste capítulo eu tenho como genuína intenção conectar VOCÊ com a necessidade e do *propósito de por que* deveria aprender os passos e o modelo mental das práticas ágeis, para passar a usar na sua vida pessoal e profissional. A conversa aqui tem que começar assim mesmo. Por que você deve adotar o "modo de pensar" ágil? Qual o propósito para isso? Esse mundo V.U.C.A. no qual falamos no capítulo I nos leva a trabalhar desta forma: tomar decisões e buscar propósitos, tal como aumentar rapidamente a nossa curva de aprendizado em algo que seja de imediato aplicável para este momento tão desafiador.

Começando pelo círculo dourado!

Para deixar mais claro essa visão de propósito, vou falar aqui do conceito defendido pelo autor Simon Sinek, o círculo dourado (*The Golden Circle*, em inglês). No seu livro *Comece pelo porquê — como grandes líderes inspiram pessoas e equipes a agir*, ele aborda um ponto central bem interessante: como se explica o sucesso de algumas empresas que simplesmente superam, extrapolam todas as expectativas de sucesso e resultado (citando, apenas para começar, o clássico exemplo da Apple), quando comparadas a outras empresas que a princípio têm uma aparente igualdade de recursos e qualificações técnicas? A resposta defendida pelo autor é que essas empresas "diferenciadas" montam sua estratégia e a comunicam para seus colaboradores, parceiros e clientes de uma forma diferenciada em relação ao modelo que os demais fazem. Sinek chamou esse modo "diferente" no que ele estruturou de "círculo dourado", que na verdade é uma representação gráfica simples na forma de um alvo em círculo, que mostra a forma sequencial de se executar algo em três passos (começando pelo núcleo):

1. *Por quê*

2. *Como*

3. *O quê*

Já te pareceu algo diferente? O autor explica que todas as pessoas têm uma boa visão de "o que" elas fazem, uma parte das pessoas e empresas sabem o "como" fazer, e o principal ponto é que só uma pequena quantidade sabe bem o "porquê" está fazendo. E o sucesso justamente vem para aqueles que conhecem bem esse "porquê" e começam as discussões por ele. Vamos a um exemplo mais tangível. Vamos imaginar que eu como autor esteja para lançar um novo livro e planejo fazer um anúncio, um pequeno texto para esse novo livro que é sobre "Práticas ágeis de trabalho". Eu poderia comunicar da seguinte forma:

Estou lançando um novo livro sobre práticas ágeis, que aborda os conceitos essenciais, suas principais aplicações e, principalmente, sua conexão com o cenário atual de grandes mudanças. E como essas práticas podem ajudar na execução de projetos profissionais e pessoais. Em breve disponível on-line e nas livrarias.

E então? Meio morno, não é mesmo? Agora veja esta nova versão de texto:

Você quer se conectar rápido a este mundo em plena mudança, mas também cheio de oportunidades? Aprendendo uma forma de fazer seus projetos pessoais e profissionais de modo ágil, que você possa ver facilmente o resultado e melhorá-lo continuamente? Então você deve ler meu novo livro, que te mostrará os passos necessários do Scrum e de que forma montar as equipes para esse desafio.

Que tal? Melhor, não? Veja o seguinte: o conteúdo e o objetivo nos dois textos são os mesmos, mas no segundo eu escrevi no sentido do *"círculo dourado"*, de dentro para fora, explicando primeiro a razão principal, o "porquê", que é se conectar rápido com o cenário de mudança e aproveitá-lo como oportunidade, passando pelo "como" que seria aprendendo algo para fazer o "porquê" e, apenas no fim, eu cito sobre ler meu livro e qual conteúdo ele possui, que seria "o quê".

É essa diferença que, segundo o autor, inspira as pessoas e as ajudam a tomarem uma atitude, a agir, a buscarem uma solução nova, a experimentarem para dizer se gera, ou não, propósito para elas! Vale ressaltar que falamos aqui de um conceito e, sendo assim, sua aplicação é muito mais ampla do que para vender algo, como no caso do livro. É algo que podemos usar como modelo mental para ajudar a deixar as pessoas incentivadas a buscarem seus propósitos e se motivarem com isso. Devo te lembrar que o "porquê" que está no centro do círculo dourado não é apenas algo que se materializa para você ganhar dinheiro, por exemplo, mas com certeza uma crença mais profunda, como uma causa na qual você acredita. Por que a sua empresa existe, em primeiro lugar, e por que eu deveria me importar com isso?

A essência do ágil é te fazer achar seu "porquê" mais rápido!

Costumo dizer que, quando utilizamos determinado método e o praticamos intensamente, experimentando, aperfeiçoando e adaptando-o para nossa realidade, ele se transforma em um modelo mental de pensar, nosso *mindset* de agir em determinadas situações de problemas, por exemplo. Dessa forma, queria avaliar com você o que seria o "pensamento ágil".

Um pensamento ágil seria você conseguir de alguma forma fazer uma leitura eficiente e antecipada de cenários e partes de um determinado trabalho, mas sem pular etapas importantes, sem perder a qualidade do trabalho como um todo, tendo sempre a constante oportunidade de poder visualizar o que já está pronto, no sentido de "já funcionando". Afinal, quem não gostaria de o tempo todo ter uma visão bem atualizada do seu progresso contínuo em qualquer tipo de trabalho e ter a chance de corrigi-lo constantemente? Vamos ao lado oposto da situação, que reflete muito a forma tradicional de se trabalhar, que é dedicar meses em determinado projeto, seja profissional ou pessoal, sem ter uma noção considerável da atual taxa de sucesso do trabalho ao final do cronograma. Como fica sua motivação e da equipe envolvida, sem esse feedback de expectativa de sucesso? Saber o tempo todo o resultado de seu esforço de trabalho, seja pessoal ou profissional, é alimentar continuamente o seu propósito, renovar seu porquê a todo momento. E para isso, SIM!, a *prática ágil* pode te ajudar!

Mas o que seria o pensamento tradicional de se executar tarefas e projetos? Vou listar aqui algumas características da forma tradicional de trabalharmos:

➤ Busca da versão ótima/perfeita em tudo o que se faz;

➤ Inúmeras revisões para minimizar erros;

➤ Planejamentos detalhados de longo prazo;

➤ Seguir o planejado à risca é uma régua de sucesso;

➤ Foco na ideia original, mesmo com feedbacks apontando para outra direção;

➤ Apego a trabalhar sozinho e validações de entregas com o líder e colegas sofridas;

➤ Tendência a ser multitarefa e buscar fazer tudo ao mesmo tempo.

Esses seriam os principais elementos que aparecem no modelo tradicional de movimentarmos nossas ações que, a princípio, não nos dá a velocidade que o mundo nos impõe. É importante colocar neste momento essas características do modelo tradicional, pois vou a partir de agora conceituar as características essenciais das práticas ágeis e, dessa forma, ficará mais fácil você traçar seu parâmetro de comparação. Um projeto conduzido por meio de práticas ágeis tem como principais características:

> Processo é incremental, quase que o oposto do modelo tradicional, que seria em cascata;

> Tem o cliente como grande colaborador durante todo o projeto;

> Perfil de adaptabilidade, o projeto pode passar por várias modificações;

> Viés de simplicidade e funcionalidade;

> Feedback constante é um ingrediente essencial para o sucesso;

> Equipes pequenas, com bom nível técnico;

As práticas ágeis permitem que as coisas se movam mais rapidamente, que haja compartilhamento das responsabilidades para os times realizarem as tarefas, mas sem tanta hierarquia na tomada de decisões. Construir uma mentalidade ágil oferece uma maneira de aproveitar o poder das pessoas na organização, encontrando adaptação, inovação e resiliência para encarar uma economia que cada vez mais tem seu ritmo acelerado.

Agora, é importante não confundir agilidade com perfeição. A Cultura Ágil oferece vantagens muito mais "pé no chão" que a tão utópica "perfeição". A gestão de erro e a gestão de aprendizagem são mudanças *urgentes* às empresas que querem aculturar o ágil. Na sequência, reforço os principais benefícios de uma cultura ágil incorporada na sua vida e nas organizações:

Ganho de competitividade:

Provavelmente, o maior benefício de adotar uma abordagem ágil é que você pode ter uma vantagem inicial sobre seus concorrentes. Enquanto eles estão ocupados planejando e aperfeiçoando, você está por aí fazendo muito mais entregas em bem menos tempo.

Equipe motivada e produtiva:

Trabalhar nessa velocidade e entregando frequentemente é emocionante e motivador para todos os seus funcionários. O princípio do progresso é importante para a motivação e trabalhar no mesmo projeto, por meses, sem nada tangível para mostrar, pode ser bastante desmotivador e, muitas vezes, bem caro.

Melhor experiência aos clientes:

Seus clientes têm uma sensação constante de que sua empresa está crescendo, porque você continua lançando novos recursos. Também permite que você se ajuste às demandas dos clientes, mantendo-os felizes e com você por mais tempo.

Histórico do Manifesto Ágil: os valores e os doze princípios

É importante falarmos aqui um pouco mais do histórico da fundamentação e da filosofia por trás da abordagem ágil, suas origens e as necessidades que proporcionaram seu fortalecimento. Mas também é relevante pontuar que não existe uma lista pronta de ferramentas e metodologias preestabelecidas para serem usadas em qualquer situação. Porém existem conceitos e práticas que foram desenvolvidos ao longo do tempo para se conduzir os projetos de maneira ágil. Essas práticas foram surgindo em função de necessidades específicas de alguns grupos que começaram a estruturar o que hoje chamamos de práticas ágeis.

O Manifesto Ágil, sua interpretação, importância histórica e seus quatro valores

No início dos anos 2000, um grupo de especialistas da área de desenvolvimento de softwares se reuniu em Utah, nos Estados Unidos, com o propósito de discutir melhores práticas para alavancar os resultados de seus projetos em desenvolvimento. Naquele momento, adotava-se o chamado modelo sequencial de desenvolvimento de projeto de software, que também era chamado de *"waterfall"* ou "cascata", cuja performance tinha boa aderência de resultados em cenários mais estáveis em relação à mudança de escopo do projeto, o que naquela época já apontava uma grande tendência de grande rampa de mudança já no mundo de projeto de softwares.

Esses fabulosos especialistas sabiam que não podiam frear essa tendência acelerada de mudança de cenários nos projetos e que qualquer "receituário" novo seria sucumbido em pouco tempo. Portanto, seria importante pensar em algo mais conceitual que os guiassem ao longo do tempo a uma visão de adaptabilidade contínua e, dessa forma, tentaram pensar em algo mais "fora da caixa", algo como valores essenciais que abririam caminho para um modelo mental mais dinâmico e com mais eficácia para se trabalhar em um cenário cada vez mais mutante.

Dessa forma, nasceu naquele encontro os valores do "Manifesto Ágil".

Indivíduos e interações	mais que...	processo e ferramentas
Seu produto funcionando	mais que...	documentação abrangente
Colaboração com o cliente	mais que....	negociação de contratos
Responder a mudanças	mais que...	seguir um plano

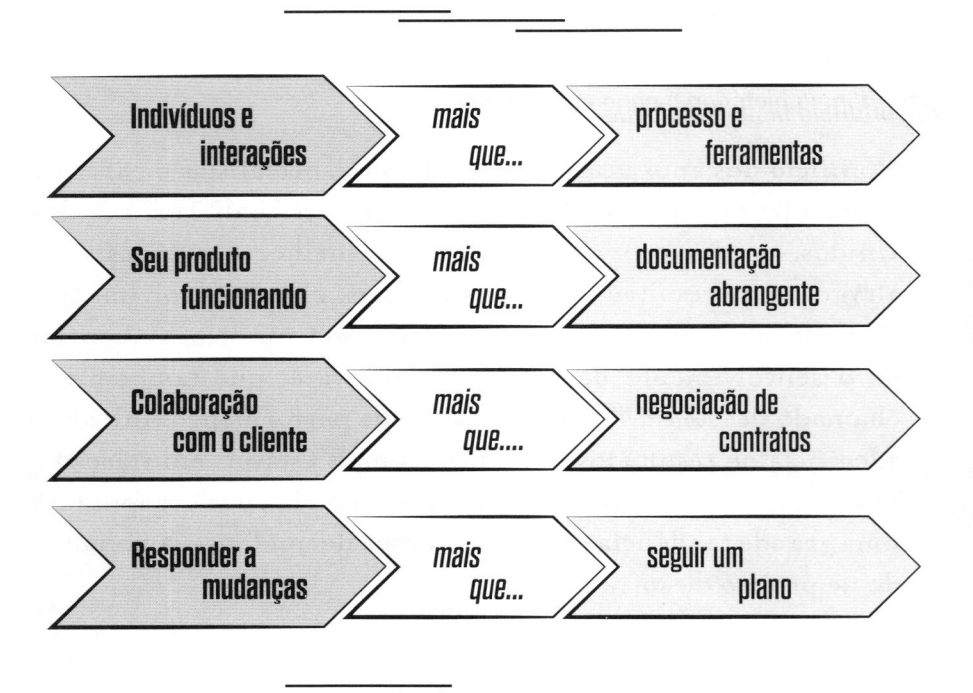

Figura 2.1: Valores do Manifesto Ágil

É de extrema importância, neste momento, você entender a essência de cada um desses valores do Manifesto Ágil, pois cada um deles tem uma forte conexão com o modo de pensar em torno das práticas ágeis. Leia e reflita com atenção sobre cada valor.

Indivíduos e interações mais que processos e ferramentas

Essa competência tem uma importância profunda, pois coloca o valor da relação entre as pessoas acima de qualquer outra "coisa" (isso mesmo, pessoas antes de coisas). É muito importante compreender que qualquer produto desenvolvido inicia em primeiro lugar com atividades feitas por indivíduos e que a qualidade da interação entre as pessoas pode resolver problemas crônicos de comunicação, que, em geral, aparecem como causa raiz frequente do fracasso de equipes em projetos. A comunicação aberta entre as pessoas com liberdade de troca de experiências para buscar a melhor solução é que justamente construirá os melhores e mais robustos processos e tornará as ferramentas mais simples de compreensão e aderentes ao propósito do projeto. Ouvi uma frase uma vez que me marcou muito: "não se apaixone pela ferramenta que você usa e, sim, pela entrega que você tem que fazer". Ferramentas e processos sempre serão meios para a entrega.

Seu produto funcionado mais que documento abrangente

O maior indicador de que sua equipe entregou algo relevante é ver o produto funcionando, indo de encontro ao que os clientes realmente querem, o que foi solicitado, dentro dos requisitos combinados. Não adianta você mostrar para ele um cronograma cumprido com todas as tarefas feitas se ele (o cliente) não pode usar o produto que foi solicitado. A parte documental tem sua importância, mas deve ser somente o necessário e que agregue valor para chegar no que o cliente deseja.

Esse valor nos remete a estruturar equipes que aprendam a fazer versões compactas, em vez de um produto de entrega única, com um longo planejamento. Entregas curtas permitem receber feedback do cliente, aprender rápido e melhorar cada vez mais. Ao ver pelo menos uma parte do produto funcionando, a capacidade do cliente ser pragmático e definir exatamente o que quer aumenta ainda mais. Isso, em um primeiro momento, pode parecer pouco convencional e prático, levando-nos a pensar "ah, o cliente quer levar o produto para casa, plugar na tomada e pronto". Mas vamos lembrar que estamos falando de desenvolvimento de um novo produto ou serviço. Aí a coisa muda: é a chance de se criar um trabalho cada vez mais colaborativo com o cliente, incorporando constantemente seu feedback ao produto final.

Colaboração com o cliente mais que negociação de contratos

O ponto principal aqui é que temos que atuar em constante colaboração com o cliente. As decisões, quando possível, devem ser tomadas em conjunto, fazendo que todos sejam um só em busca de um objetivo. Isso não significa que não tenha que haver uma relação comercial entre o fornecedor e o cliente, mas que essa relação seja facilitada, por exemplo, com práticas de colaboração mútua nas especificações e no escopo do produto ou serviço *ao longo de todo* o processo de desenvolvimento. Os contratos devem, sim, existir; mas deve-se trabalhar para que eles não sejam burocráticos e impeditivos ao ponto que impeçam que quem desenvolve o produto não possa interagir com o cliente.

Responder a mudanças **mais que** seguir um plano

Esse valor nunca foi tão importante quanto nestes tempos de mundo V.U.C.A. que vivemos. Atualmente, a maior parte de produtos e serviços nasce em um ambiente de alta incerteza e, por isso, não podemos nos amarrar em planos intermináveis e repletos de pré-requisitos. O que deve ser foco total é aprender com as informações e feedbacks do cliente, do mercado e do ambiente que nos cerca, e adaptar o plano a todo momento, com foco constante em uma entrega de maior valor para quem irá recebê-lo. O planejamento 100% detalhado já no início do projeto passa a ser praticamente uma utopia no mundo ágil, onde no curto prazo você terá direcionadores necessários e fundamentais para o sucesso do seu produto ou serviço.

Os 12 princípios do Manifesto Ágil

Além dos valores que acabamos de ver em detalhes aqui, foram também criados no Manifesto Ágil de 2001 os doze princípios que, na verdade, são como se fosse *um refinamento dos valores* ágeis que acabamos de ver. Quando você ler, pode até ficar com a sensação de que eles se aplicam mais na indústria de softwares, mas, certamente, tais como os valores, esses princípios têm grande aderência em outras áreas de negócios. Te desafio a uma pequena prática. Leia em voz alta os doze princípios, substitua a palavra "software" por "produto" ou "serviço" e busque imaginar e contextualizar para exemplos do processo que *você* trabalha. Você se surpreenderá com o quanto são aplicáveis.

1 - Nossa maior prioridade é satisfazer o cliente através da entrega contínua e adiantada de software com valor agregado.

2 - Aceitar mudanças de requisitos, mesmo no fim do desenvolvimento. Processos ágeis se adequam a mudanças, para que o cliente possa tirar vantagens competitivas.

3 - Entregar frequentemente software funcionando, de poucas semanas a poucos meses, com preferência à menor escala de tempo.

4 - Pessoas de negócio e desenvolvedores devem trabalhar diariamente em conjunto por todo o projeto.

5 - Construir projetos em torno de indivíduos motivados, dando a eles o ambiente e o suporte necessários e confiando neles para fazer o trabalho.

6 - O método mais eficiente e eficaz de transmitir informações para, e entre, uma equipe de desenvolvimento é por meio de conversa face a face.

7 - Software funcionando é a medida primária de progresso.

8 - Os processos ágeis promovem desenvolvimento sustentável. Os patrocinadores, desenvolvedores e usuários devem ser capazes de manter um ritmo constante indefinidamente.

9 - Contínua atenção a excelência técnica e bom design aumentam a agilidade.

10 - Simplicidade: A arte de maximizar a quantidade de trabalho não realizado é essencial.

11 - As melhores arquiteturas, requisitos e designs emergem de times auto-organizáveis.

12 - Em intervalos regulares, a equipe reflete sobre como se tornar mais eficaz e, então, refina e ajusta seu comportamento de acordo.

Figura 2.2: Os doze princípios do Manifesto Ágil

Repare que o manifesto traz uma visão estrutural forte, longe de ser algo técnico e específico para determinada área, apesar de ter sido concebido por desenvolvedores de software. No geral, os princípios reforçam a importância da relação entre pessoas da equipe de trabalho com os clientes, que devem ser vistos como constantes parceiros no desenvolvimento. Isso tudo faz muito sentido, pois em qualquer trabalho coletivo, seja de qual for sua natureza, mais do que o conhecimento que cada indivíduo tem, o mais essencial será a assertividade de como vamos estruturar esse grupo e quais serão suas bússolas e referência ao longo do trabalho. Mas, se quisermos resumir a essência dos valores do Manifesto Ágil, poderíamos colocar da seguinte forma:

Figura 2.3: A essência do ágil!

Entendendo o conceito e os princípios da prática ágil, em especial o Scrum

Neste livro, para falarmos do "como fazer", aplicar as práticas ágeis, vamos usar a abordagem do Framework Scrum, em que você aprenderá uma estrutura básica de trabalho. O Scrum foi desenvolvido para otimizar o desenvolvimento e gerenciamento de produtos, em especial softwares na área de tecnologia da informação. Atualmente, ele é usado em uma diversidade imensa de processos como: de manufatura, governo, serviços de marketing e até gerenciamento de operações de grandes organizações. Mas sua utilidade e aplicação têm aumentado de forma acelerada em função do avanço tecnológico e da transformação digital que vêm ocorrendo nos mercados, nos ajudando a lidar com os cenários V.U.C.A. atuais. O Framework Scrum te ajudará a organizar a equipe para de fato atingir o objetivo de entregar um produto efetivamente "pronto" para seu cliente.

A origem do Scrum e seus conceitos básicos

Uma definição clássica do modelo Scrum seria um framework no qual um grupo de pessoas pode tratar e resolver problemas complexos de forma adaptativa e evolutiva, criando produtos com o mais alto valor agregado possível para o cliente. E para você não precisar pesquisar, quando falamos de "framework", por definição, seria *uma estrutura básica composta, que contém um grupo de práticas, ferramentas ou conceitos destinados a resolver determinado desafio (problema) ou orientar uma atividade específica* (que pode ser, por exemplo, o gerenciamento de um projeto).

Para facilitar o entendimento, pode-se dizer que o framework é algo na forma de um molde ou um gabarito, o qual pode ser aplicado inúmeras vezes nas mesmas ocasiões. Um framework de gerenciamento de projetos (como o Scrum) tem o propósito de orientar a equipe a se organizar e montar o processo de planejar, executar e controlar as atividades, podendo repetir esse ciclo continuamente.

No Framework Scrum, existe três pontos importantes que se conectam, para se ter o arranjo flexível e ágil para gerenciar o trabalho. São definidos:

1. *Quais (poucas) funções existirão no projeto (os papéis);*
2. *Quais reuniões serão planejadas e realizadas (os eventos);*
3. *Quais itens teremos para gerenciar as atividades ao longo do período do projeto (os artefatos).*

Um ponto importante que você perceberá durante o desenvolvimento do assunto aqui é que, na verdade, o Scrum não é uma "metodologia" com passos fixos e sequenciais, mas sim uma forma de você e sua equipe se estruturarem de acordo com a fase e as necessidades da entrega de seu projeto/objetivo, que é *o único fim* que interessa. É um modelo de exposição empírica que você e sua equipe utilizarão para adquirir conhecimento por meio da experimentação e, uma vez de posse desse conhecimento, tomar as decisões. É um modo de organizar o seu projeto, dividindo em blocos executáveis que você possa gerenciar (que são as Sprints, abordados na sequência) e, dessa forma, avaliar os resultados em cada fase, o que permite fazer as alterações necessárias *de imediato.*

A origem do termo Scrum vem do jogo de *rúgbi*, a forma com que os jogadores se organizam, abraçados e com a cabeça para baixo se deslocando na direção dos jogadores adversários. A visão aqui é que, apesar de cada jogador ter uma posição individual dentro do grupo, todos trabalham para movimentar a bola na direção do campo do adversário. Fazendo uma analogia, na equipe de Scrum, as pessoas têm funções individuais, mas trabalham em constante colaboração para um objetivo comum. Sempre lembrando que não se trata de um processo, ou um método com passos "engessados", é simplesmente uma estrutura dentro da qual você pode aplicar vários processos ou técnicas. O grande foco de se utilizar o Scrum é incrementar a eficácia de gerenciamento de produto e técnicas de trabalho, de modo que você possa continuamente melhorar o produto, a equipe e o ambiente onde esse time está inserido.

Analogia ao RÚGBI: pessoas com funções individuais trabalham em constante colaboração

Figura 2.4: Analogia Scrum e rúgbi

O Scrum oferece um modelo de gerenciar simples, dinâmico com base em três pilares que sustentam a implementação e o controle de todo o processo de construção empírico, que seriam:

➤ *Transparência;*

➤ *Inspeção;*

➤ *Adaptação.*

Na figura 2.5 está a essência dos pilares do Scrum. Uma estrutura que traz a transparência dos papéis e das responsabilidades a serem exercidas. A visibilidade dinâmica do avanço do trabalho por meio da adoção de alguns artefatos, como quadro de tarefas com gestão à vista e continuamente atualizado, possibilitando a inspeção e adaptação frente as necessidades de intervenção por meio de eventos de controle que o grupo participa. O Scrum tem uma visão interativa e incremental, com foco em otimizar a previsibilidade e o controle de riscos ao longo de todas as fases do trabalho, que é justamente o ponto sensível em relação ao método tradicional de gestão de projeto: não conseguir ter uma visualização clara das entregas nas etapas intermediárias.

O Framework Scrum oferece uma forma de como lidar de maneira efetiva com um mundo em plena e contínua mudança. No Scrum, as decisões são tomadas com base na observação e na experimentação, e não na antecipação de um planejamento detalhado. O Scrum usa uma *abordagem empírica* para se adaptar às mudanças nos requisitos do cliente. A abordagem empírica é baseada em *fatos, experiências* e *evidências*. Em particular, o progresso é baseado nas observações de eventos *reais*, não em planos construídos sob uma grande quantidade de pré-requisitos iniciais.

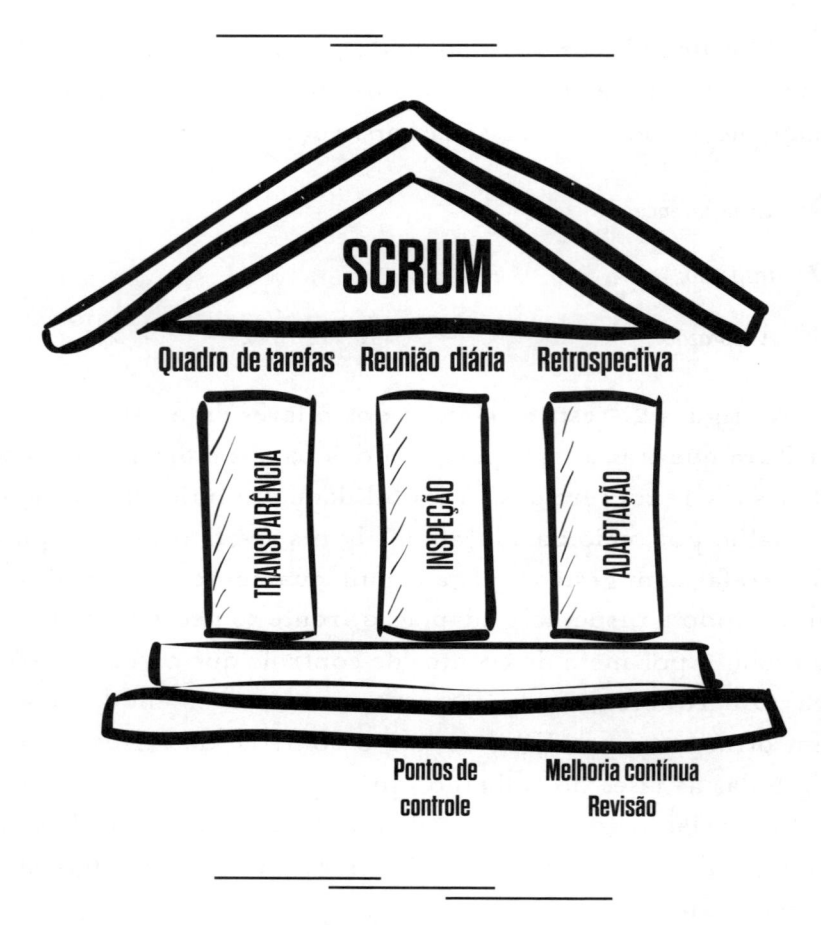

Figura 2.5: Pilares do Scrum

Em um primeiro momento, falando dessa forma, tudo parece muito abstrato, mas não se preocupe! Vamos conduzir de maneira objetiva e simples e, nos capítulos seguintes, teremos exemplos bem práticos de aplicação que dará mais clareza aos conceitos. Vamos aqui dar um pouco mais de corpo a esses três importantes pilares do Scrum que sustentam a abordagem empírica no controle do processo do seu projeto, seja pessoal ou profissional.

Transparência

A palavra transparência por si só já transmite uma potência de algo que deixa claro por que está ali, sem ambiguidade de interpretação, o que já é de extrema importância na construção de algo vencedor e que se destina a entregar valor para o cliente. É muito comum em um trabalho convencional, se a linguagem e, em especial, a meta e a descrição não estiverem claras no escopo do que está sendo construído, cada membro interpretar de uma forma e não haver um consenso do que é de fato a entrega final. No Scrum, essa clareza e transparência de escopo podem ser asseguradas por meio de ferramentas, que veremos com detalhes no capítulo 3, sendo as principais:

➤ Lista de requisitos do produto;

➤ Quadro de evolução do que está sendo desenvolvido;

➤ Reuniões diárias, com tempo definido (o chamado *timebox*);

➤ Retrospectivas de trabalho para incrementar o *modus operandi* de trabalho;

➤ Definição clara do que se entende como algo concluído.

Essas ferramentas são usadas para transferir e engajar o fluxo de trabalho através da equipe multifuncional. Esta é uma das principais vantagens do Scrum: permitir visibilidade sobre o andamento do trabalho realizado pela equipe. Em outras palavras, quando a equipe está atingindo sua meta, os responsáveis por ela podem ter seus esforços reconhecidos e isso, quando bem aplicado, funciona como renovação constante de motivação para o time comprometido com a entrega.

Inspeção

A palavra inspeção pode passar, em um primeiro momento, uma sensação de insegurança no que está sendo feito, e talvez até uma certa visão de retrabalho. Mas, pelo contrário, aqui o ponto principal é checar rápido e com frequência para aprender e corrigir também rapidamente, minimizando que algo que não esteja certo não chegue ao cliente como valor final do produto. Os pontos de controle devem ser frequentemente inspecionados, assim como o progresso em direção a um objetivo para detectar desvios indesejáveis. A inspeção pode ser implementada através de atividades como:

➤ Usar um quadro de gestão à vista, em comum, e outras ferramentas de comunicação para todos terem uma visão clara do status atual do projeto;

➤ Fazer constante feedback com o cliente e de outros elementos interessados durante o desenvolvimento de todas as partes "entregáveis" (vamos discutir melhor esse termo na sequência);

➤ Criação de uma lista de requisitos prioritários do produto e condução dos processos de planejamento da liberação;

➤ O cliente deve estar presente no processo de demonstração e validação de todas as partes entregáveis do produto.

Adaptação

No mundo que chamamos de "Ágil", sempre haverá a busca incessante para nos adaptarmos às mudanças, para que possamos melhorar constantemente, sempre com foco na entrega de valor para o cliente. Mas para não se ter dúvida sobre esse valioso pilar, vamos definir com mais precisão o que aqui chamamos de adaptação. Significa que vamos mudar o que não funciona (sempre sobre o ponto de vista do cliente) ou o que poderia funcionar melhor. Teremos uma incansável atitude de constantemente fazer pequenos experimentos, mantendo o que está funcionando e mudando alguma coisa em caso de falha. E os resultados dessas inspeções (os chamados pequenos experimentos) serão insumo vital para decidir os próximos passos para o time executar em seguida.

➤ A equipe de desenvolvimento faz inspeções e adaptações todos os dias durante a reunião diária.

➤ Há um evento de revisão em que a equipe de desenvolvimento solicita feedback de todos os envolvidos a fim de se adaptar.

➤ Também há um evento de retrospectiva do *modus operandi* de trabalho pelo qual a equipe de desenvolvimento discute internamente os problemas e as oportunidades de melhorias. Se preparará e se adaptará como equipe a um novo plano para gerar mais valor.

Focando e agindo

Focando:

> É de extrema importância entender a mensagem profunda e significativa implícita nos quatro valores do Manifesto Ágil (sugiro ler novamente).

> Que fique claro: as práticas ágeis trazem uma valorização na interação das pessoas, que é o que dá sinergia e potência para acelerar o processo sem perder qualidade, e a praticidade de entregar para o cliente algo que funcione, e não promessa e expectativa não atendida.

> Em relação aos benefícios de um projeto ágil, ficou claro para você as principais diferenças em relação a um projeto "em cascata" (tradicional)? Atente principalmente para: Maior participação do cliente ao longo de todas as etapas e ciclos de correção e melhoria, antes da entrega final, sem aumentar o prazo.

Focando:

➤ Sobre os pilares do Scrum: transparência, inspeção e adaptação. É justamente onde erramos nas nossas atividades:

Transparência: algumas vezes, não temos a informação estruturada para tomar decisões no "tempo" certo.

Inspeção: pela falta de informação e pela falta de foco do que é prioritário, não checamos com a frequência que necessitamos.

Adaptação: pelos dois motivos acima expostos, somos lentos em "girar a roda", fazer a correção e seguir em frente. Nossas "bolas" ficam muito tempo quicando sem tomarmos a decisão.

Focando e agindo

Agindo: Faça um exercício. Pense em um projeto que você participa atualmente que *te incomoda*, que *está com dificuldade*. Pensou?

> Agora, avaliando os problemas desse projeto, faça um checklist em relação aos quatro valores do *Manifesto Ágil* para esse "projeto problema":

1. *Interações e pessoas mais que ferramentas e processos:* Como você vê a efetividade de comunicação e interação do time nesse projeto hoje? Satisfatória? Por quê?

   _____

   _____

2. *Seu produto funcionando mais que documentação abrangente:* No momento atual do projeto, você acredita que interagiu o suficiente com o cliente? E se você entregasse para ele hoje, o que já fez até agora? Seria satisfatório?

   _____

   _____

Agindo:

3. *Colaboração com o cliente mais que negociação de contratos:* Ao longo desse projeto, você se viu "paralisado", sem seguir em frente por alguma "negociação" ou alinhamento formal não finalizado ainda, que te impeça de avançar?

   _____

   _____

4. *Responder a mudanças mais que seguir um plano! Fale a verdade:* O plano que você tem hoje desse projeto, tem certeza que ele garante entregar integralmente o que o cliente quer?

   _____

   _____

   Bom, você percebeu que estou te provocando para pensar. Vamos em frente! Avance para o capítulo 3, que você conhecerá mais da potência do Framework Scrum.

Capítulo 3

Entendendo a estrutura do Framework Scrum e mãos à obra

Este capítulo foi desenvolvido para te dar a base sobre a essência do Framework Scrum e a interação de seus três elementos, que você poderá usar nos seus projetos. Esses elementos serão o alicerce da construção do seu modelo mental ágil.

Os valores do Scrum

O time Scrum deve estar organizado em um tamanho suficiente para executar sua meta de produto, e não grande suficiente para se dividir em setores e cair na teia da burocracia. Na prática, seria entre três e nove pessoas. Esse ponto é fundamental, pois em um time menor, tende a ser mais fácil alguns valores essenciais que foram denominados de *valores do Scrum*, segundo Ken Schwaber e Jeff Sutherland, que organizam desde de 2010 o mundialmente conhecido *Guia do Scrum*. Esses valores são:

- **Compromisso:** inicia-se com essa palavra forte que em si já retrata um valor coletivo, comum a um grupo. As pessoas se comprometem em alcançar os objetivos que são importantes para todos nesse grupo.

- **Foco:** quem tem um compromisso a cumprir inevitavelmente tem que desenvolver um foco incondicional naquela missão prometida. Na sequência, veremos que os eventos Scrum (Sprints) que descreveremos são essenciais para ser um facilitador que torna viável essa constância de foco.

> **Coragem:** essa palavra vem do francês *"courage"* (de *couer*, coração), sendo um nobre valor que os indivíduos de um grupo precisam ter para encarar os desafios nada fáceis que enfrentarão, com a serena certeza que estão fazendo a coisa certa.

> **Respeito:** os membros da equipe Scrum têm um propósito coletivo e um profundo respeito entre si, pois reconhecem a natureza e a necessidade da individualidade para se tornarem pessoas cada vez mais capazes.

> **Abertura:** onde há respeito mútuo certamente haverá abertura para aprender com os erros e as consequentes lições geradas, que serão usadas como catalisadores para chegar à meta do grupo.

Vejam que cinco valores maravilhosos! *Pare um pouco*, leia-os novamente e observe que se você incorporar esses valores no seu modelo de trabalhar e desenvolver seus projetos pessoais, ninguém te segurará! Só que não é tão simples assim, pois infelizmente o ser humano tende à procrastinação, que seria o adiamento de uma sequência importante a ser feita com disciplina, provocado por muitos desvios no nosso trajeto diário que nos impedem de praticar e, principalmente, incorporar esses valores como hábitos em nossa forma de nos relacionarmos com as pessoas e com o mundo. Nesse contexto, uma estrutura de papéis que facilite a prática desses comportamentos pode ser de extrema utilidade para nos direcionar a uma disciplina ainda não incorporada naturalmente.

Entendendo a estrutura do Framework Scrum

Aqui começamos a ver os principais elementos que compõem o Framework Scrum. Na sequência, descreverei a estrutura geral que tem basicamente três elementos:

> ***Papéis a serem desempenhados:*** que funções devem ser desempenhadas nessa estrutura de trabalho ágil e quais são os perfis adequados.

> ***Eventos a serem criados/seguidos:*** qual a cadência de *check* e inspeção.

> ***Artefatos a serem criados/montados:*** quais são os controles necessários.

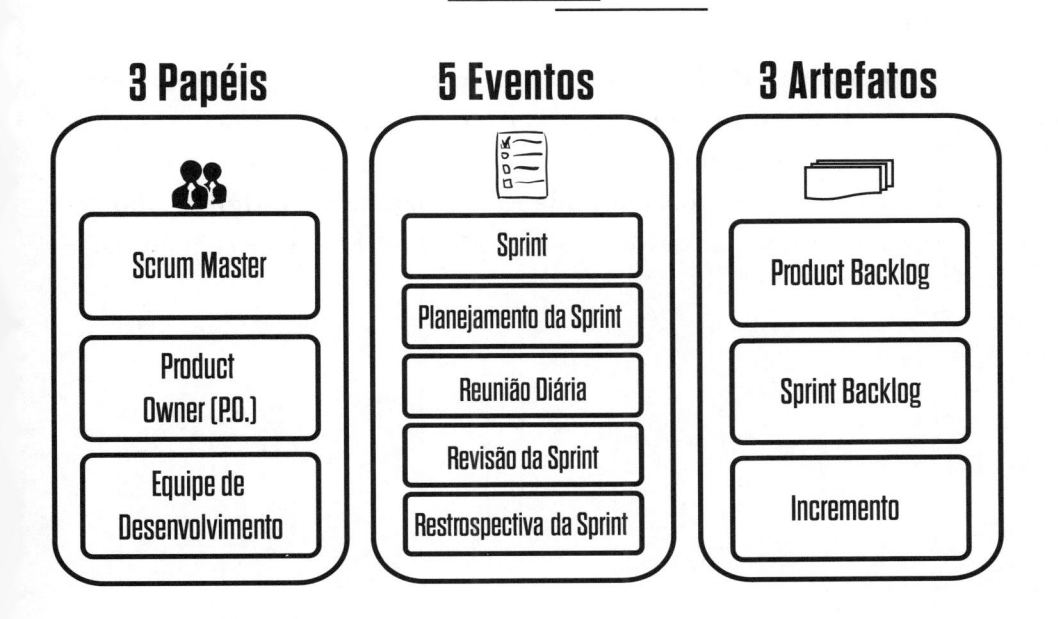

3 Papéis
- Scrum Master
- Product Owner (P.O.)
- Equipe de Desenvolvimento

5 Eventos
- Sprint
- Planejamento da Sprint
- Reunião Diária
- Revisão da Sprint
- Restrospectiva da Sprint

3 Artefatos
- Product Backlog
- Sprint Backlog
- Incremento

Figura 3.1: O "3-5-3" do Framework Scrum

É o que chamamos na prática de 3-5-3. São três papéis desempenhados dentro do time Scrum, cinco eventos para acompanhar o ritmo de condução e a entrega do que foi planejado e três artefatos para gerenciar os entregáveis que foram combinados.

A figura seguinte mostra o que seria um mapa do Framework Scrum e esses três macros elementos conjugados (papéis, artefatos e eventos).

Na figura, cada item, de alguma forma, tem seu papel vital de fazer essa estrutura dinâmica fluir, para girar o processo de produção do seu projeto de forma contínua, dinâmica e permitindo autocorreções que previnem grandes cargas de retrabalhos futuros. Essa figura tem como mais essencial a forma dinâmica de como tudo isso funciona, como um ecossistema que se inter-relacionam e se equilibram.

A essência do funcionamento do Scrum como modo de tornar ágil o seu projeto tem a ver como essas três funções, cinco eventos e três artefatos são estruturados, executados e inter-relacionados. Para você entender a importância e o significado de cada um desses onze itens, eles serão detalhados na sequência.

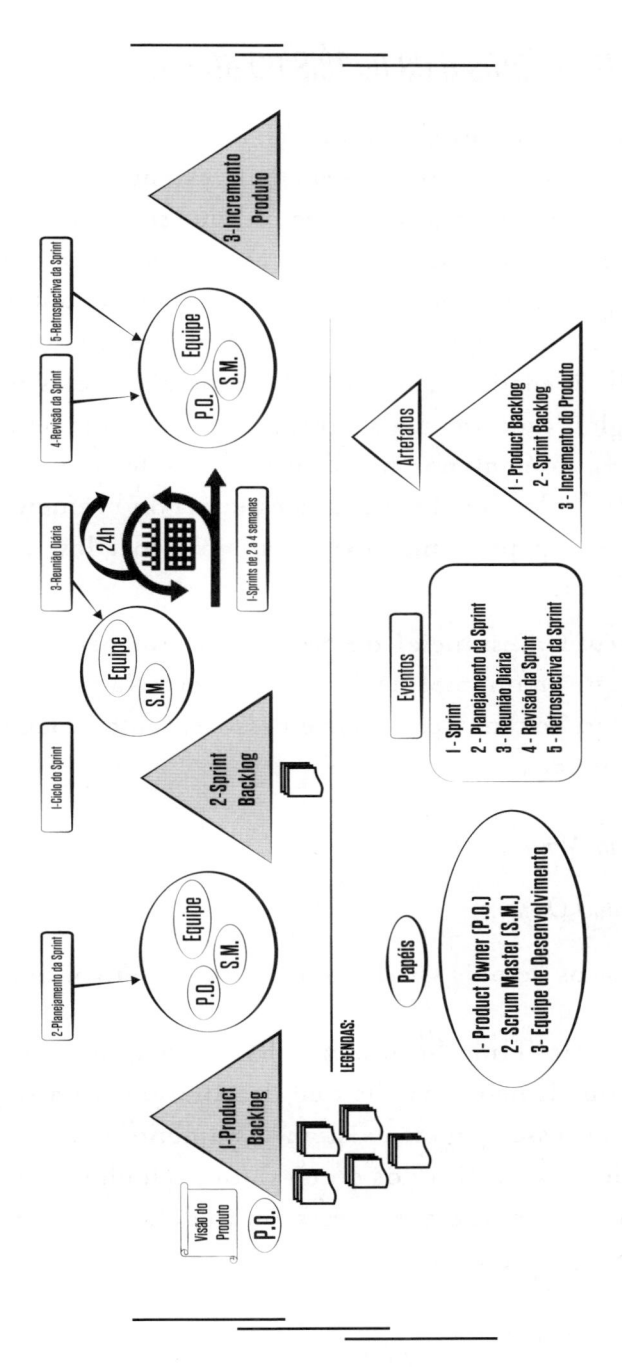

Figura 3.2: Framework Scrum

O "quem": os valores e os papéis no Scrum!

Em relação aos três elementos-chaves que citei (papéis, eventos e artefatos), vamos começar pela estrutura e papéis de um grupo de projeto clássico de Scrum, que serão os mesmos independentemente do tamanho e do escopo do projeto. Navegando pelas experiências contemporâneas modernas que vemos hoje em dia, de empresas que flexibilizam suas estruturas organizacionais, jornada e ambiente de trabalho (o clássico exemplo do Google), cada vez mais precisamos ter um time de trabalho interativo, com menos hierarquia, mais focado em entrega e propósitos coletivos. Essa é uma essência do Framework Scrum, com poucos papéis, mas extremamente focados, funcionais e complementares.

A estrutura essencial do *Scrum* seria um pequeno grupo de pessoas que chamamos de "Time Scrum". Na sua formação, independente se tem três ou nove pessoas, temos apenas três funções essenciais:

➤ 1 *Scrum Master*;

➤ 1 *Product Owner,*

➤ Todos os demais são denominados "desenvolvedores".

Dentro do Time Scrum não há subgrupos ou hierarquias, existe, sim, funções/papéis que detalharemos na sequência. E como falei, esses papéis existem justamente para dar condição de fortalecer a prática dos cinco valores citados anteriormente. Não se apegue muito aos nomes em inglês, mas, sim, a essência da missão que cada papel tem.

O Scrum Master (S.M.)

A criação do papel do *Scrum Master* em um cenário que queremos eficiência em termos de tempo e resultado é uma resposta à evidência cada vez mais clara de que necessitamos mais intervenções de líderes que agem como facilitadores para o time conseguir avançar com os objetivos do trabalho, em vez de um gestor que estipula eventos e tarefas, muitas vezes, com o objetivo de municiá-lo de informações para "saber das coisas". Então, deixamos claro aqui que o *Scrum Master* tem um papel forte em desenvolver as habilidades humanas da equipe, como o inter-relacionamento. Será um constante viabilizador para que as tarefas possam fluir sem tirar a responsabilidade e o protagonismo de cada um do time. Pelo contrário, ele possibilita desfazer as dificuldades estruturais (ajustar travas com stakeholders do projeto, condições básicas de trabalho), mas, ao mesmo tempo, estimula constantemente a habilidade do grupo do trabalho de se autogerenciar no sentido do objetivo coletivo do projeto. Sua função também é a "blindagem" da equipe em relação a qualquer tipo de atividade que esteja fora do escopo das Sprints planejadas.

A seguir apresento a essência da função do Scrum Master, que, se ele conseguir trabalhar dessa forma, terá um papel vital para alavancar o trabalho da equipe.

Ser um líder facilitador, servidor.

No capítulo sobre liderança ágil, detalharei mais as características de um líder servidor, mas seria aquele que literalmente serve ao seu time, com sua habilidade, seu conhecimento e, acima de tudo, seu tempo, para tirar dúvidas, junto com o grupo, gerando aprendizado para acelerar a entrega e o entrosamento interno.

Remover impedimentos.

Aqui, totalmente diferente do chefe tradicional, não traz mais serviço, mas destrava os caminhos para o trabalho fluir, desde dúvidas técnicas das próprias práticas Scrum até os fluxos de relacionamentos extragrupo que possam afetar o bom andamento do trabalho.

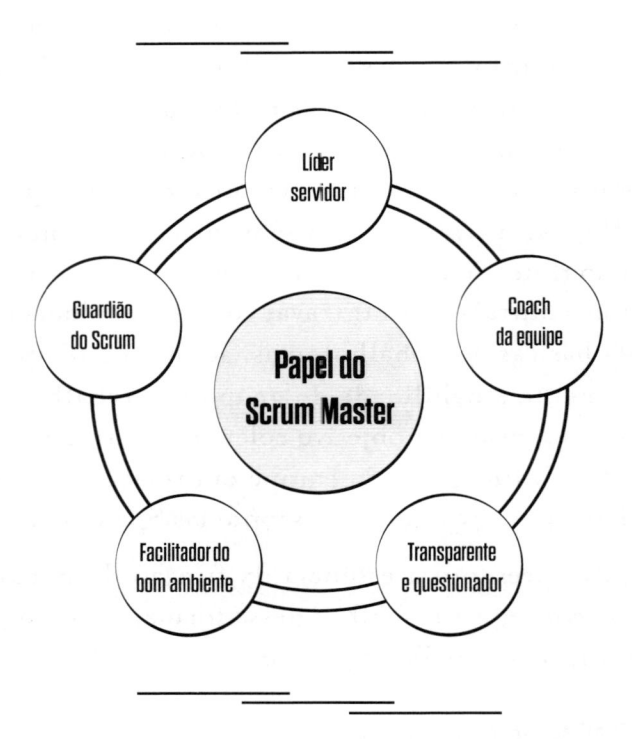

Figura 3.3: Papel do Scrum Master

Coach da equipe Scrum.

Em algumas empresas, o nome dessa função tem sido alterado para "*Agile Coach*", buscando dar uma visão mais ampla de atuação do que apenas das práticas Scrum, principalmente, o reforço da visão servidora e o papel desenvolvedor das "*soft skils*" do time, garantindo uma constante estabilidade emocional para promover a alta performance.

Ser o "guardião" das práticas Scrum.

Deve ser a constante referência, interna e externa, em relação aos três pilares do Scrum e seus cinco valores, já citados anteriormente. Todos devem ter conhecimento aplicado para essas práticas, mas deve haver uma referência interna reconhecida por todo o grupo, que nesse caso é o Scrum Master.

O Product Owner (P.O.)

O Product Owner (P.O.), em tradução literal, "o dono do produto", tem como missão otimizar o valor do produto produzido pelo trabalho do *time Scrum*. Ele, dentro do grupo de trabalho, é o que mais conhece do mercado no qual o projeto está inserido e das necessidades prioritárias do cliente para esse produto, tendo liderança e autonomia sobre o escopo do que será entregue no final. É dele a responsabilidade de decidir a priorização dos itens que serão construídos e em qual ordem devem ser feitos.

O Product Owner tem na sua responsabilidade o gerenciamento eficaz do *escopo do produto* (que seria o seu *backlog*, como veremos adiante), que inclui:

- ➤ Desenvolver e comunicar explicitamente a meta do produto;
- ➤ Criar e comunicar claramente os itens prioritários do escopo do produto;
- ➤ Definir a melhor ordem e as etapas em que o produto será feito;

➤ Garantir que *o escopo do produto* seja transparente, visível e compreensível;

➤ Ter disponibilidade constante para a Equipe de Desenvolvimento, aumentando o canal de comunicação para resolução de conflitos e dúvidas.

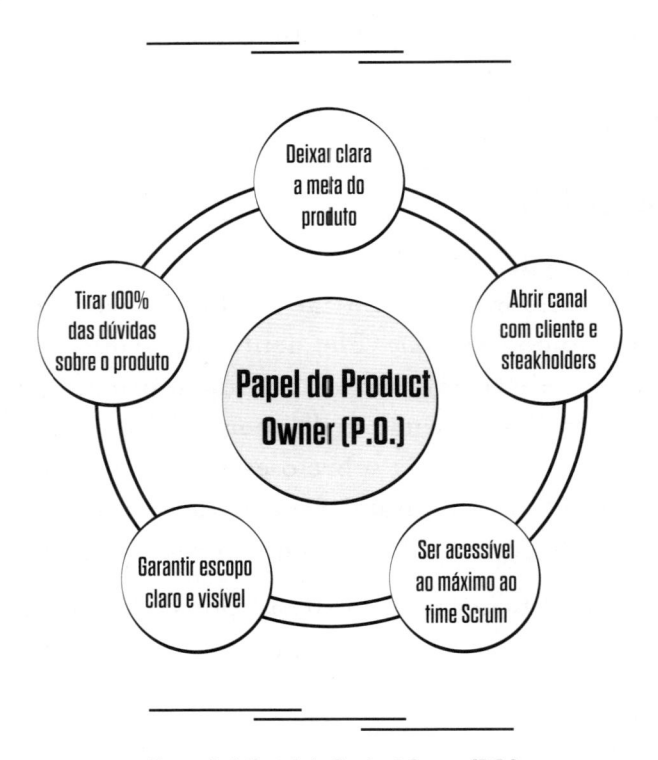

```
                    Deixar clara
                     a meta do
                      produto

    Tirar 100%                        Abrir canal
    das dúvidas                       com cliente e
    sobre o produto                   steakholders
                    Papel do Product
                     Owner (P.O.)

        Garantir escopo        Ser acessível
        claro e visível        ao máximo ao
                               time Scrum
```

Figura 3.4: Papel do Product Owner (P.O.)

O P.O. pode até delegar algumas responsabilidades, mas, independentemente disso, ele ainda é o responsável. Para que os Product Owners tenham sucesso, todos da organização, envolvidos direta ou indiretamente no projeto, devem respeitar suas decisões.

Os grandes Product Owners, além de possuírem grande conhecimento do negócio e da estratégia de produto, têm habilidade para lidar com pessoas, auxiliando o Scrum Master nessa missão, além de excelente comunicação e poder de negociação. O P.O. cria e prioriza todo trabalho a ser feito, comunica a todos interessados sobre a evolução do projeto e coleta feedbacks sobre o produto, que é um insumo precioso ao time para os refinamentos constantes que são feitos nas Sprints.

A Equipe de Desenvolvimento

Bom, do que adianta um Scrum Master habilidoso com as práticas ágeis e um P.O. profundo conhecedor do negócio onde está inserido o produto ou o serviço a ser desenvolvido se não houver também um competente time que seja capaz de transformar os requisitos do cliente em características técnicas robustas no produto. A Equipe de Desenvolvimento tem esse grande papel. São considerados do time de desenvolvimento todos que estão no time Scrum (o grupo de três a nove pessoas que executarão o projeto, lembra-se?), com exceção do P.O. e do Scrum Master. E quais seriam as principais características dessa Equipe de Desenvolvimento?

Time multifuncional

Os membros dessa equipe possuem habilidades complementares, o que significa que, se somadas suas competências individuais, teremos todo o conhecimento técnico para executar o escopo do projeto. Chamamos de time multifuncional, o que não significa que todos têm todas as habilidades, mas elas se somam, o que proporciona também uma visão e respeito mútuo dentro da equipe em relação à importância e necessidade do conhecimento e habilidade específica de cada um do time.

São autogerenciáveis

A essência aqui é que o próprio time decide a forma de trabalho e as ferramentas a serem utilizadas em cada etapa do trabalho, ou seja, aqui a palavra autonomia se encaixa bem na forma de trabalhar. Lembrando, no entanto, que o escopo do projeto sempre é competência do P.O. e o Scrum Master atua permanentemente no time como facilitador para resolver impasses e auxiliar na tomada de decisão.

Um ponto que vale destacar sobre a característica "autogerenciável" é que isso não implica em todos os membros do time terem excelência em gestão e tudo se ajustar no modo automático, nem que todos no grupo devem ter nível de maturidade e experiência altos. O que se deve entender aqui é que, se alguém está com dificuldade em se organizar, os demais se ajustarão para ajudá-lo, pois, no fim, as metas de entregas são coletivas.

São focados 100% na entrega do produto

Significa que esse grupo tem o foco no problema em si, ou seja, a evolução da entrega das partes entregáveis do produto. De nada adianta um cronograma atendido e o cliente "perdido", sem ter nada na mão. O tempo deste time é autogerenciado em prol da entrega combinada com o P.O. e com os objetivos da organização.

Papéis e Características da Equipe de Desenvolvimento

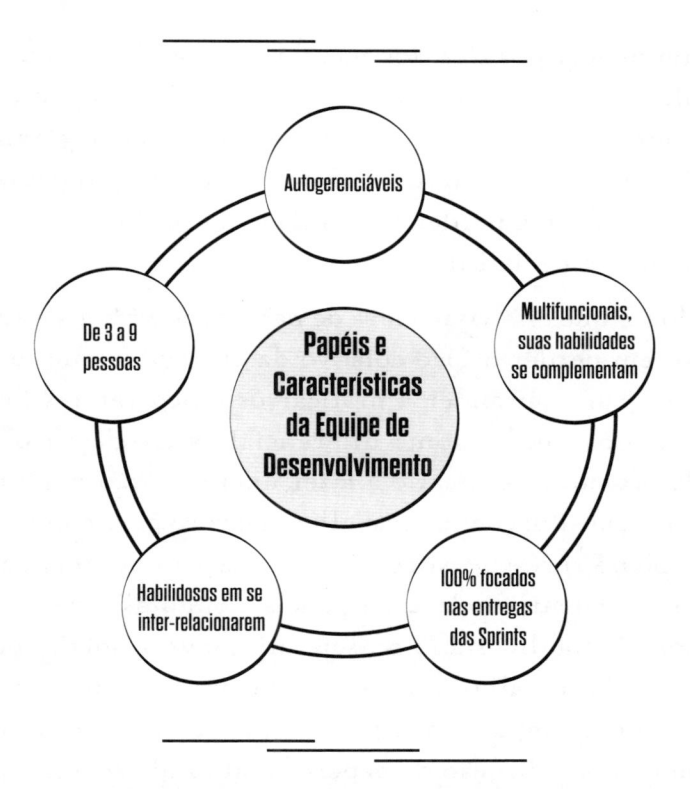

- Autogerenciáveis
- De 3 a 9 pessoas
- Multifuncionais, suas habilidades se complementam
- Habilidosos em se inter-relacionarem
- 100% focados nas entregas das Sprints

Figura 3.5: Papéis e características da Equipe de Desenvolvimento

Em resumo, as principais atribuições da Equipe de Desenvolvimento seriam:

➤ Desenvolver o produto em si e garantir sua qualidade final, com validação do P.O.;

➤ Decompor e planejar as tarefas a serem feitas para a entrega do produto;

➤ Ter a percepção constante de quando está ocorrendo risco na entrega e se organizar para correção.

Por serem multifuncionais e autogerenciáveis, ou seja, quando necessário, um ajuda ao outro em prol da entrega coletiva, há uma tendência positiva dos membros aprenderem outras funções além das suas específicas, o que torna mais potente o poder de resposta do time frente a imprevistos e atrasos, gerando uma amplitude de escopo individual que beneficia o andamento coletivo, sem o time perder a qualidade de conhecimento específico de seus especialistas.

Reforço que essa visão clara de papéis individuais e ao mesmo tempo sem perder o foco coletivo da entrega (o que só é possível se o grupo aprender a praticar os cinco valores Scrum, já apresentados aqui) é ponto diferencial para o desenvolvimento ágil de projetos. Te desafio a fazer uma reflexão neste momento. Pense em situações de trabalho que você participou, que não houve pleno sucesso e você teve a sensação que uma das causas raiz era a definição clara de papéis e, muitas vezes, acontecia a famosa "bola dividida", ou seja, ninguém resolvia, pelo contrário, havia trabalho sombreado que era feito duas vezes. Esse é o famoso exemplo "antiágil". O que se busca no Framework Scrum com a definição de papéis (lembrando sempre que nada é escrito 100% na pedra, há casos de flexibilização) é essa agilidade nas responsabilidades, tornando ágil o processo de divisão de tarefas e tomada de decisão.

E por fim, a harmonia e a intercessão entre os três papéis

O ponto-chave de sucesso é entendermos e balancearmos a relação harmônica que há entre essas três funções, para maximizar a sinergia e a potência de resultado de todo o grupo Scrum. Na sequência, abordo a intercessão entre esses papéis.

Começando pelo P.O., ele deve ter intenso relacionamento com a equipe de desenvolvimento (intenso não quer dizer de vez em quando) para tirar qualquer dúvida quanto ao trabalho que deve ser implementado, garantindo que eles entendam os itens do backlog do produto (lista de escopo do produto que vamos ver na sequência) no nível de detalhes necessário para não haver erros de interpretação na construção. Lembrando que o P.O. é quem tem total acesso ao cliente e a primeira pergunta quando o produto não for aprovado pelo cliente será: "o P.O. passou corretamente para equipe a essência do que o cliente queria?" Dessa forma, a Equipe de Desenvolvimento também possui total autonomia para convocar o P.O. para esclarecimentos, a qualquer momento, independente dos encontros preestabelecidos, pois dúvida no produto é risco eminente e deve ser neutralizado de imediato.

O Scrum Master se relaciona com a Equipe de Desenvolvimento, garantindo o progresso dos trabalhos, que, em geral, acontece nas formas abaixo:

➤ Apoiando a Equipe de Desenvolvimento a ser autogerenciável e multidisciplinar;

➤ Removendo os impedimentos para que a Equipe de Desenvolvimento possa progredir, por exemplo, aprovando algo que dependa de outros stakeholders;

➤ Facilitando eventos do Scrum conforme requisitado ou necessário, onde ele sempre será o "guardião do Scrum";

➤ Sendo um disseminador das práticas ágeis em áreas onde ainda não está totalmente aprovado e compreendido.

Por fim, o Scrum Master interage com o Product Owner apoiando-o a aperfeiçoar o planejamento dos trabalhos a serem executados. Isso acontece da seguinte forma:

> Fazendo uma gestão eficiente do escopo a ser entregue;

> Sendo um facilitador entre o P.O e a Equipe de Desenvolvimento, para sanar dúvidas sobre a visão, as metas e os itens do backlog do produto (veremos a seguir).

Os eventos no Scrum

Vamos começar definindo o que é uma *Sprint* (atenção, você se apaixonará por essa palavra). É um evento de imersão, interação (que pode ser parte de um lançamento) que costuma ser realizado no período de duas a quatro semanas, no qual a Equipe de Desenvolvimento deverá produzir uma parte entregável de valor, do projeto, para o cliente. A entrega de valor é a meta da Sprint, que deverá estar *bem* definida e combinada com o Product Owner, que representa o cliente. Isso deve ocorrer antes do começo da execução da Sprint. Um projeto inteiro é composto de "n" Sprints, cujo número dependerá do tamanho do escopo, da estratégia do time do projeto e da capacidade de entrega do time Scrum (quando eu digo "time Scrum", estou falando do time de desenvolvimento, do time do projeto). Essa capacidade de entrega do time você entenderá mais na sequência dos capítulos.

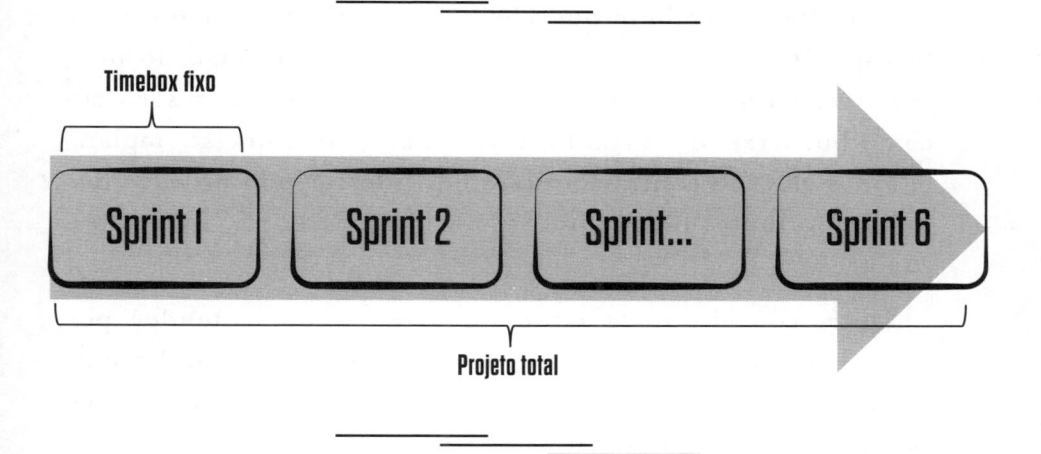

Figura 3.6: O projeto estruturado em Sprints

No Framework Scrum existem cinco eventos específicos (Figura 3.6) estruturados, com tempo de duração definidos, tendo o objetivo *de dar ritmo e regularidade na leitura do andamento do projeto* e, em especial, reduzir a necessidade das famosas reuniões emergenciais, que tendem a ser menos produtivas. Serão detalhadas aqui as características e o objetivo de cada um desses eventos. Os eventos proporcionam ao time do projeto a *transparência* necessária para as *inspeções* em um ciclo assertivo, para serem feitas as *adaptações* necessárias, sempre com foco incremental no produto.

1. Sprint
2. Planejamento da Sprint
3. Reunião Diária   ▶ *Ciclo de uma Sprint*
4. Revisão da Sprint
5. Retrospectiva da Sprint

Importante lembrar que eles foram elaborados para gerar transparência adequada e inspeção proativa ao longo do projeto. Cada um desses eventos tem seu papel e não deve ser visto como burocrático. Portanto, o recomendável é que se implante todas eles, do contrário estaremos interferindo no ciclo dos três importantes pilares do Scrum: transparência, inspeção e adaptação.

Outro conceito importante que você tem que entender, por ser utilizado no dimensionamento do tempo dos eventos Scrum, é o que se chama de "timebox" (caixa de tempo, em uma tradução literal), conceito que diz que a quantidade de tempo (horas ou dias) é imutável, ou seja, a quantidade de horas não poderá aumentar no evento em questão. Isso é de extrema importância, pois o que a princípio pode soar como um certo "engessamento" do tempo, na verdade, é uma estratégia para se evitar atraso no prazo de entrega e facilitar o planejamento, oferecendo uma referência de tempo para o *quanto* você pode colocar de itens e tarefas dentro de uma Sprint; e, nos eventos de acompanhamento, focar o time no sentido do que é relevante para seguir adiante com a entrega. Se acontecer de se errar a estimativa de tempo (que pode ser em horas ou dias) de uma Sprint, a orientação é reduzir o seu escopo, desde que não afete a sua meta, em vez de aumentar a quantidade de horas/dias. Resumindo, *timebox* seria um prazo ou tempo (dias/horas, por exemplo) para um evento bem definido e imutável. Você verá que todos os eventos do Scrum têm um *timebox* recomendado.

A Sprint em si: sua estrutura

Participantes: Equipe de Desenvolvimento, Scrum Master (facilitador), Product Owner (cliente).

O ciclo de tempo básico do Scrum é a Sprint, que é um evento de até quatro semanas (de acordo com o tamanho do escopo do projeto). Nesse período o time produzirá um incremento de produto, que já poderia ser testado pelo cliente. Essas Sprints têm durações fixas ao longo do projeto. Cada Sprint inicia-se imediatamente após o término da Sprint anterior. A Sprint é o grande evento mãe do Scrum e os outros quatro eventos existem dentro de cada Sprint, conforme demonstrado na figura a seguir.

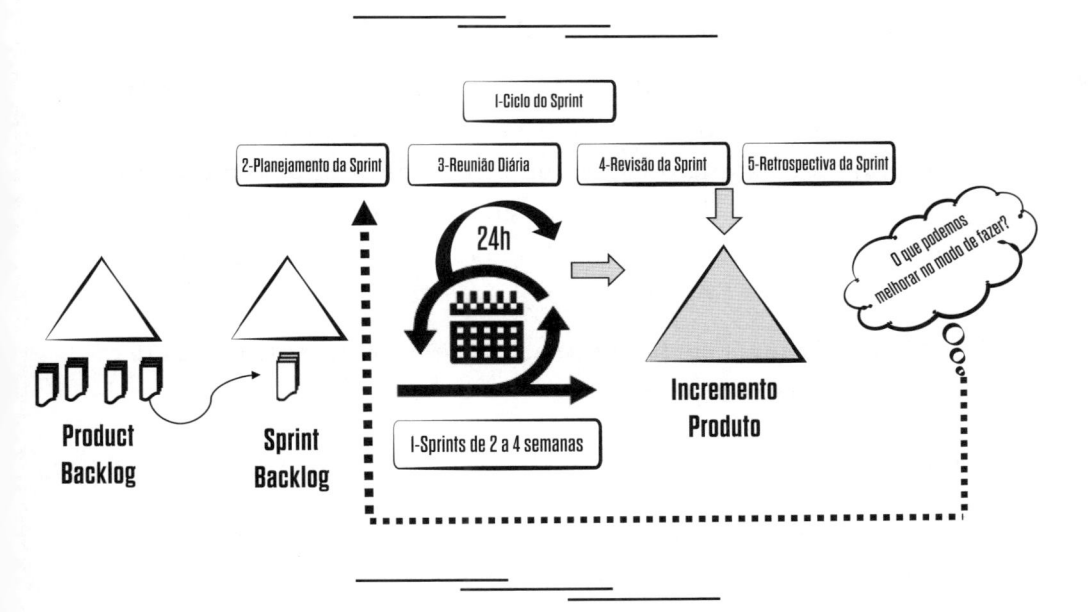

Figura 3.7: Os cinco eventos do Scrum – Ciclo de uma Sprint

O termo *Sprint* vem da língua inglesa, refere-se a um tipo de corrida de velocidade em que se percorre uma curta distância em um período de tempo também bem curto. Fazendo uma analogia, a ideia da Sprint no Scrum é cumprir uma determinada meta, em um tempo estabelecido e que, ao final, o incremento prometido esteja "pronto".

Para deixarmos uma definição mais clara do que é uma Sprint, vamos primeiro justificar a sua existência. Um dos grandes riscos dos projetos tradicionais é o *horizonte longo de planejamento*, no qual se trabalha um bom tempo com a visão inicial, sem uma retroalimentação de escopo em função de possíveis feedbacks dos clientes. Para mantermos a visão de construção ágil de um projeto, o objetivo da Sprint é justamente permitir *trabalhar continuamente com feedbacks* que gerem melhorias incrementais no produto durante toda a sua construção. O que chamamos de Sprint seria "um ciclo" desses dentro do projeto.

Portanto, dentro dessa lógica, um projeto tem algumas Sprints, que ao fim de cada uma entregará uma parte do produto, de forma que o P.O., que está interagindo com o cliente, pode avaliá-lo e dar seu feedback para sinalizar se está no caminho e dar melhores coordenadas do caminho seguinte (que seria a próxima Sprint).

Para dar mais corpo à estrutura de uma Sprint, vamos detalhar sua estrutura geral:

Qual o tempo ideal de uma Sprint?

Sua duração deve levar em consideração o tamanho total do projeto, ou seja, quanto maior o escopo e tempo previsto, maior tende a ser o tempo de um ciclo de uma Sprint. Mas há um tempo máximo praticado pelas equipes, que seria de quatro semanas. Esse tempo se baseia em uma visão de que se for maior que isso, você tende a produzir uma etapa muito grande sem o devido feedback incremental do cliente (veja a importância dada ao modelo incremental de feedback e construção) e reduz o grau de ansiedade dos demais gerentes e stakeholders envolvidos no projeto. Além disso, um tempo maior sem nenhuma notícia do andamento e da entrega em eminência pode esfriar o interesse pelo trabalho. Vamos pensar em um exemplo: se o projeto for rápido, de dois meses, nesse caso teríamos oito semanas de trabalho e, se forem Sprints de quatro semanas, teremos apenas uma interação de feedback até o fim do projeto, pois serão apenas duas sprints de quatro semanas, ou seja, muito pouco para corrigirmos rotas, aumentando o risco potencial de desviarmos da entrega final. Ao passo que, se adotarmos Sprints de duas semanas, teremos quatro durante o projeto, o que já aumenta significativamente o ciclo de interação incremental.

O tamanho da Sprint tem relação também com a estabilidade do cenário onde está inserido o projeto

Se o ambiente onde ocorre o projeto é de extrema mudança, isso tem influência no tamanho dos ciclos de Sprints, o que mitiga o risco de se trabalhar com informações desatualizadas, já que dentro do ciclo da Sprint, como você verá na sequência, temos eventos que nos ajudam constantemente a interagir com a realidade das mudanças frente ao escopo inicial.

> ➤ *Os Stakeholders e Product Owners têm que planejar para estarem presentes em todas os eventos das Sprints*

Lembre-se que a Sprint existe para se ter ciclos incrementais e decisórios intensos em curtos espaços de tempo, pois essa é a essência ágil. Mas não haverá evolução se as pessoas certas não estiverem presentes para compartilharem decisões e fatos. Um evento, como uma reunião, é criado para validar decisões de forma coletiva e avançar rapidamente, prevalecendo sempre o senso comum. Se não tivermos o quórum necessário, perde totalmente o sentido, reduzindo a força do ciclo decisório. Por isso, um tempo de Sprint menor pressupõe que ao longo deste ciclo teremos mais reuniões decisórias. Assim, é fundamental garantir agenda das pessoas que precisam participar. Participação opcional aqui não existe. Por outro lado, quanto mais ciclos decisórios curtos, mais o time interage e se adapta com maior velocidade às contingências. E se há algo que é letal em um projeto é ele não ter um ciclo decisório rápido e assertivo.

Na sequência detalhamos a importância de cada um dos quatro eventos dentro da Sprint.

Reunião de Planejamento da Sprint

Participantes: P.O., Scrum Master e Equipe de Desenvolvimento

Tempo: 8 horas para 30 dias e 4 horas para Sprint de 15 dias

O Planejamento da Sprint é um evento com no máximo duas horas por semana de duração. Para ficar mais claro, se a Sprint tem duas semanas de duração seriam duas horas de reunião, e assim por diante. O Scrum Master garante que a reunião ocorra e que os participantes entendam seu propósito. Lembremos aqui que é função do Scrum Master garantir que os eventos do Framework Scrum ocorram com eficácia.

Os pontos importantes da reunião de planejamento da Sprint são:

> *Definir/validar "o que" será a entrega nesta Sprint, que deve ser um resultado de incremento do produto;*

> *Definir "como" será feito, estruturado, o trabalho necessário para entregar o incremento planejado;*

> *Já trazer para a reunião os itens detalhados do escopo do produto (backlog do produto).*

O time de desenvolvimento tem autonomia para decidir o escopo final a ser trabalhado na Sprint, apesar de precisar estar alinhado com o P.O., pois isso tem uma relação direta com o tamanho da equipe que trabalhará naquela Sprint (imagine se alguém estiver de férias, por exemplo). Aqui aparece aquela visão autogerenciável que abordamos sobre o time de desenvolvimento.

➤ *Seu modus operandi é dividido em duas partes.*

Parte I: O que será feito na Sprint

Essa parte tem a atuação intensa de todos, mas é, em geral, o P.O. quem direciona os itens que serão desenvolvidos e o volume de trabalho é validado pelo time de desenvolvimento, de acordo com o recurso de pessoas e tempo que se tem no período da Sprint. Após definir os itens do backlog da Sprint, é importante definir uma meta, que pode ser algo conciso, mas que seja norteador para o time de desenvolvimento não sair do trilho do foco da entrega durante o período da Sprint.

Esse também é o momento de se trazer as melhorias na forma de trabalhar, definidas na reunião de retrospectiva (que veremos na sequência) no final da Sprint anterior, que é fundamental para refinar cada vez mais o modo ágil de trabalho.

Parte II: Como será feito

É nesse momento que a equipe define como será feito cada item do backlog da Sprint, inclusive um dimensionamento inicial de *esforço estimado por item*, justamente para ver se "a conta fecha" em relação ao número de itens a serem realizados x tempo total (*timebox*) da Sprint. Uma dica é começar pelos itens mais complexos ou que demandem mais tempo. Isso pode ser determinado com o auxílio da visão de negócio do P.O.

O produto final dessa reunião é um plano de ação que conecte toda Equipe de Desenvolvimento no trabalho que cada membro deve efetuar, numa visão detalhada de item e tempo para cada um deles, dentro do tempo fechado da Sprint.

Reunião diária

Participantes: Equipe de Desenvolvimento e Scrum Master (facilitador)

Tempo: 15 minutos

A reunião diária é um evento de 15 minutos para a Equipe de Desenvolvimento, realizada em todos os dias da Sprint. Nela a equipe planeja o trabalho para as próximas *24 horas*. Isso otimiza a colaboração e a performance por meio da inspeção do trabalho desde a última reunião e da previsão do próximo trabalho da Sprint. A reunião deve ser mantida no mesmo horário e local para reduzir a complexidade.

Essa reunião tem um *script* fixo com base em três perguntas-chave:

➤ *O que foi feito ontem que contribuiu para a equipe alcançar a meta da Sprint?*

➤ *O que será feito hoje para contribuir para a equipe alcançar a meta da Sprint?*

➤ *Foi encontrado algum obstáculo que impeça a equipe alcançar a meta da Sprint?*

O Scrum Master precisa garantir que a reunião ocorra, mas o time de desenvolvimento deve conduzi-la (lembre-se que a equipe é autogerenciável, certo?). O Scrum Master garante que a reunião se mantenha dentro do tempo planejado. O público essencial da reunião diária é a Equipe de Desenvolvimento. Podem haver outros integrantes, mas o Scrum Master deve garantir que não ocorrerá atraso do escopo, já que o prazo da reunião é curto.

Importante reforçar que essa reunião, apesar de curta, deve ter um cunho decisório de direcionar pequenas mudanças de rota, não devendo ser um momento de "muro das lamentações", que não servirá para nada. Esse momento reflete muito o espírito ágil, o diagnóstico e a correção de rota em um ciclo de tempo curto, aprendendo e aplicando o aprendizado com o possível erro, de forma instantânea. Por ser uma reunião rápida que precisa ter um ritmo bem dinâmico, sugere-se que ela seja feita *com todos os integrantes em pé*, caso seja presencial, para realmente dar a fluência que ela necessita. Importante que tenha o recurso mínimo necessário, como as informações da evolução de cada item do backlog da Sprint, de preferência sob gestão à vista, para que todos possam ter a mesma noção de andamento das frentes. O ponto principal a ser discutido aqui é se todos estão com a mesma calibração do que é tarefa pronta (no conceito do inglês *done*). Isso é de grande importância, pois como tudo no final se agrega para entregar o incremento do produto no fim da Sprint, se houver retrabalho para algumas das tarefas, que já eram consideradas como prontas, pode gerar impedimento de se fazer a entrega final da Sprint.

Uma sugestão para isso não acontecer é que a Equipe de Desenvolvimento, o P.O. e o Scrum Master façam um alinhamento e escrevam uma definição clara das características que consideram que devem ter os itens do backlog do produto pronto. Dessa forma, se for citado que está pronto, todos da equipe devem ter a mesma expectativa dos itens que foram feitos.

Revisão da Sprint

Participantes: P.O., Equipe de Desenvolvimento, Scrum Master (facilitador) e outros convidados ligados ao cliente.

É realizada ao final de cada Sprint e o principal objetivo é demonstrar e validar com o P.O. e, se possível, com clientes o incremento que está sendo entregue e fazer as adaptações necessárias, conforme consenso. É um grande momento de feedback, quando equipe Scrum Master, P.O. e equipe podem colaborar com algum tipo de melhoria, inspecionar a entrega e sugerir alterações. Nesse momento, deve haver respeito ao trabalho feito pelo time, mas, acima de tudo, deve-se olhar com foco total na meta da Sprint e na aderência da funcionalidade que foi entregue. Era isso que de fato o cliente queria? Há ajustes a serem feitos? Há oportunidades de melhoria?

Seu tempo de duração é no máximo uma hora para cada semana de Sprint. Esse evento tem muita importância, pois é um momento genuíno de interação, justamente o ponto frágil de metodologias tradicionais, em que se passa um longo período sem ter a possibilidade de um feedback incremental antes da entrega final.

Retrospectiva da Sprint

Participantes: Equipe e Scrum Master (facilitador)

Esse seria o último evento dentro do ciclo da Sprint. Relembrando: fizemos a reunião de planejamento, para definir o que seria feito e como seria desenvolvido. Depois foi feita a reunião diária, para nivelar o time na entrega das 24 horas seguintes, proporcionando um ciclo curto de avaliação e imediata correção do que estivesse saindo fora do planejado no backlog da Sprint. Por fim, a reunião de entrega, que é a reunião de revisão, onde mostramos ao P.O. e demais envolvidos o que foi construído de incremento ao produto.

Na retrospectiva da Sprint, o foco é avaliar a performance de trabalho do time durante a Sprint que foi finalizada. A equipe Scrum deve fazer uma inspeção no seu modo de trabalhar e interagir, buscando melhorias que possam aplicar a Sprint seguinte. Sugere-se que a retrospectiva seja feita na sequência da reunião de revisão da Sprint e antes do planejamento da próxima Sprint. Essa é uma reunião de uma hora por semana de Sprint. É papel do Scrum Master garantir a ocorrência desse evento e que os participantes entendam sua importância. O Scrum Master ensina todos a manterem o evento dentro do prazo. É uma reunião de alinhamento interno, com uma visão menos técnica e mais tática do ponto de vista de operar e fazer acontecer. Nela deve haver uma grande transparência, mas também respeito mútuo entre o time, para que todos possam expor seus desconfortos e sugestões de melhoria de como operar no dia a dia da Sprint.

Nesta reunião, o Scrum Master tem a função de assistir ao time como um membro auxiliar, focando na sua atribuição de garantir a aplicação dos elementos do Scrum ao longo do trabalho.

Os artefatos do Framework Scrum

Avaliando *O guia do Scrum,* de Ken Schwaber e Jeff Sutherland, que entendo ser uma das grandes referências do tema, o Framework Scrum considera apenas três artefatos: Product Backlog (vamos chamar de backlog do produto), Sprint Backlog e o Incremento.

Mas antes, vamos definir o que chamamos de *Artefato*, que se focarmos na visão do universo dos softwares, diríamos tratar-se de todo material produzido para o desenvolvimento do software, podendo ser documentos, diagramas e fluxos, ou uma parte do software desenvolvido. Novamente referenciando *O guia Scrum*, os artefatos devem mostrar trabalhos ou valores desenvolvidos para aumentar a transparência das informações relevantes ao trabalho. Assim, todos os que os inspecionam têm a mesma base para fazer a adaptação, quando necessário. A partir dessas definições podemos evoluir mais no nosso entendimento da importância dos artefatos. As evidências (documentação, descritivos, fluxos) que são construídas ao longo do projeto Scrum definem o valor, as funcionalidades e as aplicações do que foi produzido.

Ainda conforme *O guia Scrum*, cada um desses artefatos contém um compromisso para garantir que ele forneça informações "úteis" que aumentem a transparência do que deve ser entregue e o foco, permitindo medir o progresso do que está sendo construído.

| Backlog do Produto | • Compromisso: Meta do Produto | Sprint Backlog | • Compromisso: Meta da Sprint | Incremento | • Compromisso: Definição de Feito |

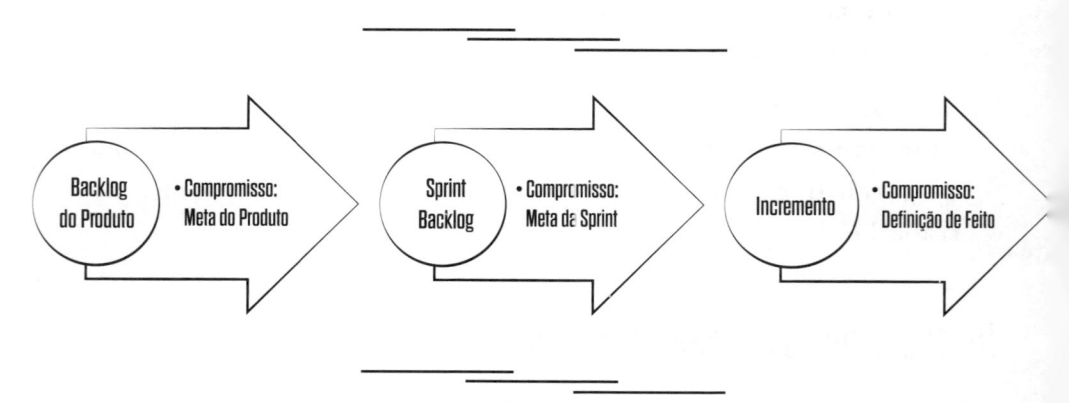

Figura 3.8: Os artefatos e seus compromissos

Outro termo já citado e que você ouvirá ainda mais é o backlog do produto, uma lista ou histórico, de forma resumida, do que foi feito em um tempo determinado e também uma visão do que ainda precisa ser produzido.

Além desses três artefatos oficiais, citamos aqui também, em especial nos capítulos 4 e 5, que são aplicações práticas, mais algumas ferramentas utilizadas para acompanhar o andamento em direção ao objetivo do projeto. Entre elas, a visão do produto, os gráficos de *Burndown* e o quadro *Kanban*.

Resumidamente, os artefatos do Framework Scrum são:

➤ **Backlog do produto**: uma lista ordenada de itens (requisitos ou funcionalidades) que o produto (aqui em um sentido amplo, produto ou serviço) necessita ter para ser considerado concluído.

➤ **Sprint Backlog**: uma parte dos itens do backlog do produto, que foi selecionada para ser executada durante determinada Sprint. Cada item selecionado do backlog do produto é desdobrado em pequenas tarefas a serem executadas, como um plano de ação.

➤ **Incremento:** uma parte do produto pronto, que necessariamente deve ter uma condição de uso imediato, o qual foi construído durante a Sprint.

Veremos em detalhe cada um desses importantes artefatos, para você entender sua importância e conexão entre eles.

Backlog do produto

O backlog do produto é uma lista única contendo tudo que é necessário para construir um produto. O Product Owner (P.O.) é responsável por elaborar e mantê-lo atualizado, bem como priorizar os itens a serem feitos em cada Sprint.

Os itens do backlog do produto serão executados pelo time Scrum ao longo das Sprints planejadas. Esses itens tendem a ficar cada vez mais entendíveis, ou transparentes por assim dizer, após as atividades de refinamento realizadas pela equipe durante as reuniões de planejamento das Sprints. Chamamos de refinamento do backlog do produto a atividade de quebrar e incluir definição adicional aos itens do backlog do produto para ter itens menores, que possam ser planejados por tarefas, com o fim de facilitar sua execução pelo time. Essa é uma atividade contínua que ocorre ao longo das Sprints para adicionar detalhes, como descrição, ordem e tamanho. Os atributos geralmente variam de acordo com o domínio de trabalho.

O time de de*senvolvimento tem a missão de fazer o* dimensionamento do tempo para se chegar ao tempo total e poder se quebrar em determinado número de Sprints. Aqui o P.O. tem o papel fundamental de *auxiliar* no entendimento dos refinamentos, se estão mantendo a *essência do produto,* auxiliar a resolver possíveis *trade-offs*, sem abrir mão da qualidade do produto final.

Lembrando que nesse artefato temos que garantir o compromisso da meta do produto. Ela é o objetivo de longo prazo para o time Scrum, que deve cumprir (ou abandonar) um objetivo antes de assumir o próximo.

A meta do produto deve ter a referência clara do que seria a versão final do produto que se quer construir e serve para guiar o time Scrum como um alvo, para aprimorar seu planejamento ao longo das Sprints. A meta do produto está no backlog do produto.

Sprint Backlog

Esse artefato deve listar as tarefas que serão necessárias para transformar um item do Product Backlog em um incremento do produto "pronto". Essa lista é construída durante a reunião de planejamento da Sprint.

É construído pelo time de desenvolvimento, que listará o que é necessário para criar o incremento pronto. Deve-se listar todas as tarefas pertinentes para desenvolver o item. Somente o Time de Desenvolvimento poderá adicionar ou remover tarefas da Sprint Backlog.

A Sprint Backlog é um artefato dinâmico, diríamos até "vivo", ao longo da Sprint. Na reunião de planejamento, ele não precisa estar completo, apenas com as atividades necessárias para os primeiros dias da Sprint. Durante a Sprint, o time de desenvolvimento poderá complementar essa lista, sempre que identificar novas tarefas a serem feitas ou ajustar as já definidas ainda não realizadas. Esses ajustes tendem a ser definidos na reunião diária.

Esse artefato, assim como o Product Backlog, deverá ser visível para todo o time Scrum, fortalecendo assim a transparência. É comum a utilização do quadro Kanban, ou quadro Scrum, para demonstrar essas atividades e como elas estão. Teremos exemplo prático dessa importante 'gestão à vista" nos capítulos 4 e 5.

Em resumo, a *Sprint Backlog* é uma lista de atividades a serem realizadas na Sprint, para desenvolver os itens do backlog do produto selecionados para uma Sprint. Os itens são identificados e definidos pelo time de desenvolvimento, sendo sua estimativa definida em horas, e essas tarefas devem ser visíveis ao time Scrum, acompanhado diariamente e podem ser incluídas e sofrer alterações em qualquer momento durante a Sprint.

Voltando ao compromisso que existe em cada artefato, o foco é garantir a meta da Sprint. Ela é um compromisso do time de desenvolvimento, pois eles são os responsáveis por executar os itens da Sprint Backlog. E deve ajudar a dar foco, alinhando todo o time Scrum a trabalhar junto, com foco na entrega total da meta no final do período da Sprint.

Incremento

O Incremento é definido como o resultado final, a entrega do trabalho feito pelo time de desenvolvimento durante a Sprint. Obrigatoriamente, ele é uma parte do produto, com condições de ter a sua funcionalidade avaliada pelo cliente. O incremento entregue será inspecionado durante a Sprint Review.

É fundamental estar muito clara a definição do que chamamos de pronto (que, no inglês, veremos como *Definition of Done*), que é o documento que descreve uma definição clara e de consenso para todos, do que o "pronto" significa para o time (já abordamos esse item neste capítulo). Reforçando que o Product Owner, o Scrum Master, o time de desenvolvimento e os demais stakeholders que contribuem com o projeto necessitam ter o mesmo entendimento do que seria um incremento dito como pronto.

Essa definição de pronto tem vital importância, pois cria a transparência necessária ao fornecer a todos a mesma expectativa do que foi de fato concluído como parte do incremento. Caso contrário, se um item do *backlog do produto* não atender à definição de pronto, não poderá ser liberado para o cliente ou mesmo apresentado na *revisão da Sprint*, devendo voltar ao backlog do produto para refinamento.

Checklist do que deve ter um item considerado pronto

- Item 100% testado no protocolo padrão
- Pré-validado pelo P.O.
- Cadastro padrão finalizado
- Status atualizado no Scrum board
- Na versão já pronta a mostrar para o cliente

Figura 3.9: Exemplo de definição de item pronto

Importante destacar que em uma mesma Sprint mais de um incremento pode ser entregue. Todos os incrementos são apresentados na *reunião de revisão da Sprint*. No entanto, um incremento pode ser entregue aos clientes e stakeholders *antes* do final da Sprint. A *Sprint Review* não deve ser considerada o momento único para entregar valor para o cliente e, sim, o prazo limite para o que foi planejado fazer na Sprint.

Framework Scrum:
uma estrutura criada para dar velocidade com foco

Para fechar este capítulo conceitual sobre a estrutura do Framework Scrum, você pode estar se perguntando: "complicado isso, não?". Mas não é. O vital aqui será o entendimento da interação que existe entre papéis, eventos e artefatos. Não é uma estrutura complexa, não tem dezenas de elementos e busca combinar os elementos clássicos necessários em qualquer projeto ou entrega de sucesso: *Liderança* (definição clara dos papéis), *Gestão* (eventos que permitem gerenciar o que de fato importa, no tempo ideal) e *Conhecimento técnico* (os artefatos que têm os atributos técnicos requeridos no produto). Esse é o conceito que no meu livro anterior chamei de "A Tríade da Competência", evidentemente com abordagem diferente, numa visão de desdobrar cada competência em características comportamentais. Mas se observarmos os três elementos do Framework Scrum, podemos associá-los com cada um dos "lados" da Tríade da Competência.

Veja se não faz sentido esses ingredientes para qualquer trabalho. No lado liderança, temos as pessoas que sabem exatamente quais são seus papéis individuais, mas que atuam de forma colaborativa a maior parte do tempo. Os artefatos nos ajudam a organizar todas as informações técnicas necessárias (a parte do conhecimento técnico) com uma gestão ágil e transparente (à vista) da evolução do que é relevante no projeto, como tarefas, entregáveis intermediários e tudo isso sendo cadenciado por eventos precisos (que coloquei no lado método), envolvendo as pessoas certas, com a informação correta, no tempo não mais que o suficiente. Não é um mundo do sonho! É o que o Framework Scrum busca dar condição para planejar e executar de uma forma intensa e consistente.

MÉTODO

EVENTOS

1 - Sprints
2 - Planejamento do Sprint
3 - Reunião Diária
4 - Revisão Sprint
5 - Retrospectiva do Sprint

Eventos é a estruturação do método de acompanhamento de toda a entrega a ser feita (Backlog do Produto)

TÉCNICO

ARTEFATOS

1 - Product Backlog
2 - Sprint Backlog
3 - Incremento da Sprint

Artefatos é onde estão listadas todas as necessidades do cliente, traduzido em conteúdo/escopo

O SCRUM E A TRÍADE

LIDERANÇA

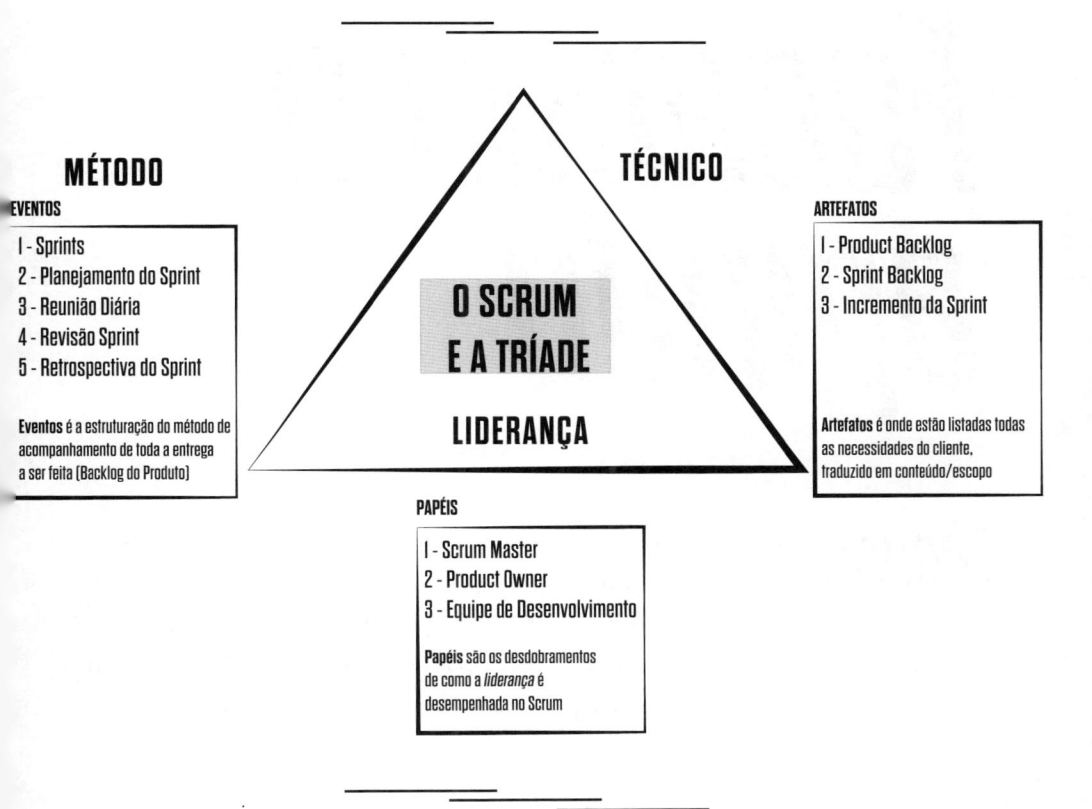

PAPÉIS

1 - Scrum Master
2 - Product Owner
3 - Equipe de Desenvolvimento

Papéis são os desdobramentos de como a *liderança* é desempenhada no Scrum

Figura 3.10: A Tríade da Competência e o Framework Scrum

Focando e agindo

Focando:

➤ Relembrando o 3-5-3 do Framework Scrum: três papéis (exercidos por *pessoas*); cinco eventos (conduzidos por *pessoas*) e três artefatos (gerenciados por *pessoas*). Uma engrenagem simples, mas poderosa, com as *pessoas* no centro.

➤ Sobre os papéis: grande parte dos trabalhos e projetos, quando passam por problemas, tem com uma de suas causas raiz a falta de engajamento do time por não entender claramente seu papel dentro do grupo. O Scrum tem uma grande potência em deixar claro o escopo dos papéis, criando uma condição ímpar para se construir um grande trabalho colaborativo.

Focando:

> Sobre eventos: uma das grandes dificuldades que encontramos, ao longo dos nossos trabalhos, é termos reuniões e outros momentos que de fato sejam produtivos, com um propósito claro de entrega e uma definição da função de cada um dentro desses eventos. E para isso que os eventos do Scrum servem: dar disciplina e cadência de inspeção para fazermos as adaptações no tempo certo.

> Sobre artefatos: informação que você não serve para tomar decisão, jogue fora. A visão aqui é: pouca quantidade, atualizada, à vista de todos, para ser uma informação única e o fórum decisório ter uma informação de consenso. Quem tem informação tem poder.

Focando e agindo

Agindo: Pense novamente em um projeto que você participa hoje que tem problemas, atraso ou dificuldades na entrega final.

> ➤ Sobre os três papéis que aprendeu: Você enxerga que ele funcionaria para esse projeto? Aumentaria mais o engajamento do time? Por quê?

_____
_____
_____
_____
_____
_____

Agindo:

➤ Sobre os eventos: Você considera que as reuniões do projeto em questão funcionam bem e são realmente um momento de inspeção clara para correção de rota dos problemas?

_____
_____
_____

➤ Sobre os artefatos: Considera que tem todas as informações na mão para ter um status realista do andamento do projeto? Usaria algum dos artefatos apresentados?

_____
_____
_____

Parte 2

INSPIRANDO-SE EM EXEMPLOS PRÁTICOS PARA ADOTAR O ÁGIL

Nesta parte, você terá três capítulos com o objetivo de mostrar aplicações práticas do modelo ágil, em específico, o Framework Scrum, contribuindo para que você assimile o conteúdo conceitual apresentado nos dois capítulos anteriores. No capítulo 6, uma breve associação do Scrum com a tão difundida Filosofia Lean.

Capítulo 4

Caso de aplicação: Como seria em uma grande organização

No próximo capítulo, apresentarei um caso real de aplicação, em uma visão de *projeto pessoal* (no caso, a criação completa do meu primeiro livro), em que as práticas ágeis foram de extrema utilidade para dar ritmo ao trabalho e, essencialmente, me dar a condição de gerenciar no detalhe, enxergando de forma incremental cada parte que vinha sendo construída, sem ter aquela angústia de um projeto tradicional onde você tem um confortável e longo cronograma de planejamento, mas, pela visão em cascata, não consegue enxergar e ter uma dimensão clara, com que cara "o seu filho", produto ou serviço, está ficando ao longo da execução. Mesmo sendo um projeto de cunho pessoal, que ficou mais centrado nas minhas atividades, eu adotei a estrutura do Framework Scrum, utilizando, por exemplo, o *check* diário (análogo à reunião diária, que seria avaliar o que foi feito e o que será feito no ciclo de 24h), planejamento e revisão da Sprint e também a retrospectiva do que necessitava ser melhorado no modo de fazer para a Sprint seguinte. A princípio tudo foi mais simples pelo fato da decisão de certa forma estar centrada apenas em mim, que era o dono do projeto. Mas sabemos que em uma organização o que torna um projeto complexo e reduz sua taxa de sucesso é o número de variáveis envolvidas, tais como o apoio da alta liderança, o perfil do grupo selecionado para executar o projeto e, principalmente, as dificuldades de se conduzir em um ritmo acima do que o processo decisório corrente da companhia permite. Dessa forma, neste capítulo corrente apresentarei um caso de condução de um projeto de grande porte, de forma ágil, que eu participei integralmente, fazendo o papel de um dos Scrum

Masters do projeto (sim, o projeto era tão grande que havia mais de um Scrum Master). Vou descrever na forma de narrativa, que facilitará o entendimento do contexto dos desafios do projeto e da necessidade de se conduzir de uma forma não convencional. E este será um relato da *minha vivência pessoal e aprendizado* dentro do projeto, ou seja, as conclusões que serão colocadas aqui são com *base na minha experiência pessoal*, que considero ser genuinamente relevante para compartilhar com você e auxiliar a sedimentar os conceitos que abordamos até aqui sobre as práticas ágeis. Não entrarei em questões técnicas do projeto, pois o grande objetivo aqui é relatar a aplicação das *práticas ágeis* no *modus operandi* de estruturação do projeto e execução de seu backlog do produto, por Sprints com mais de um time Scrum integrados.

A mudança começa com um propósito genuíno: um grande desafio

Esse projeto não foi de criação de um software, nem de um produto, que seria de posse do cliente final, mas sim da revitalização de *um sistema de gestão* e governança de uma grande operação agroindustrial, no qual estariam inclusos seus modelos de padronização e melhoria contínua, que existem para agregar valor aos seus produtos finais, e esses, sim, chegam nas mãos do cliente final. Toda grande organização, ao longo de sua jornada de crescimento, experimenta novos modelos de gestão de processos, que emergem no mercado com o propósito de incrementar cada vez mais seus resultados em todas as dimensões, como qualidade, custo e entrega. Alguns exemplos que podemos citar de modelos que geraram impacto nas últimas décadas, em especial na área de operações industriais, são o Lean Manufacturing (oriundo da Toyota, do Japão), o Six Sigma (amplamente utilizado na década de 1990, com a General Electric) e o TQC (Total Quality Control), que foi uma das bases de reconstrução do modelo de gestão das indústrias japonesas nas décadas de 1960 e 1970. O grande desafio, como vou descrever no Capítulo 7, quando trato do "Modelo Mental", é que aderir a esses sistemas não é apenas copiá-los na íntegra na sua organização e aguardar o resultado. Isso é um grande erro, pois esses modelos, por melhor que sejam, precisam ser adaptados às necessidades específicas da empresa e a sua cultura. Nunca será uma fórmula mágica, e essa transformação tende a ser um processo não muito rápido, o que depende de fatores como tamanho da organização, condições do ecossistema onde está inserida e, principalmente, o propósito da alta liderança de patrocinar essas grandes mudanças que, em geral, não trazem só gestão, mas também significativas mudanças estruturais.

O projeto que participei tinha esse propósito: sistematizar um *modelo único* de gestão que seria executado por todas as unidades produtoras, levando em consideração as práticas atuais oriundas de iniciativas anteriores que foram implantadas em momentos diferentes na companhia. O desafio aqui eram as múltiplas iniciativas que coexistiam, que tornavam desafiador o entendimento e a massificação de uma cultura única de gestão que certamente seria imprescindível para um sistema de padronização robusto para toda a organização. Aqui vou usar uma máxima popular: "às vezes, é mais fácil colocar a casa abaixo e começar do zero do que reformá-la". Mas é claro que, nesse caso, não se poder jogar fora tudo que já havia sido construído, pois muitas práticas de fato funcionavam, e era importante continuarem. O desafio era montar um modelo único e de consenso em toda a área de operações da organização.

O início da demanda e o propósito de por que usar o "ágil"

Bom, para encurtar a conversa, eu trabalhava na área de gestão de processos corporativos, que atendia a toda companhia, e recebi, juntamente com outro gerente, a demanda de coordenar esse grande projeto. Chamaram-nos em um fim de tarde e passaram o objetivo, o escopo, o prazo e os recursos, que em princípio são os itens mínimos (ou quase todos) necessários para iniciar um projeto. Abaixo, um breve descritivo do projeto no modelo "tradicional" de se descrever.

> **Objetivo:** Sistematizar um *modelo único* de gestão a ser executado por todas as unidades produtoras.

> **Escopo:** Aplicável a todas as unidades produtoras da companhia.

> **Prazo:** 3 meses.

> **Recurso:** A definir (a princípio sem restrição).

> **Meta:** Entregar *book* de sistema único de gestão, pronto para implantar nas unidades produtoras em 3 meses.

Lembro-me que o que mais me assustou foi o prazo, pois conhecia bem o escopo do qual estávamos falando (gigante) e no meu modo "tradicional" de pensar em projeto, do tipo "uma etapa após a outra", sequencial e equipe única, o tempo de três meses seria inexequível no meu ponto de vista. Quase dei uma risada quando mostraram o prazo, mas olhei para o outro gerente que conduziria o projeto comigo e vi que ele estava sério e com cara de apavorado e isso me deixou bem preocupado.

Diagrama de Causa e Efeito

Método
- Prazo socicitado de 3 meses muito curto
- Dúvida de que forma estruturar o cronograma do projeto

Mão de Obra
- Falta de equipe disponível imediata para executar o projeto

Medida
- Dúvida de como fazer uma gestão eficiente de um projeto deste porte

Matéria-prima

Causas Prováveis

Máquina
- Falta de recursos de hardware para iniciar os trabalhos com a equipe

Meio Ambiente
- Unidades produtoras distantes entre si, sendo difícil interagir com todas

Desafio em entregar o projeto "Sistema único de gestão"

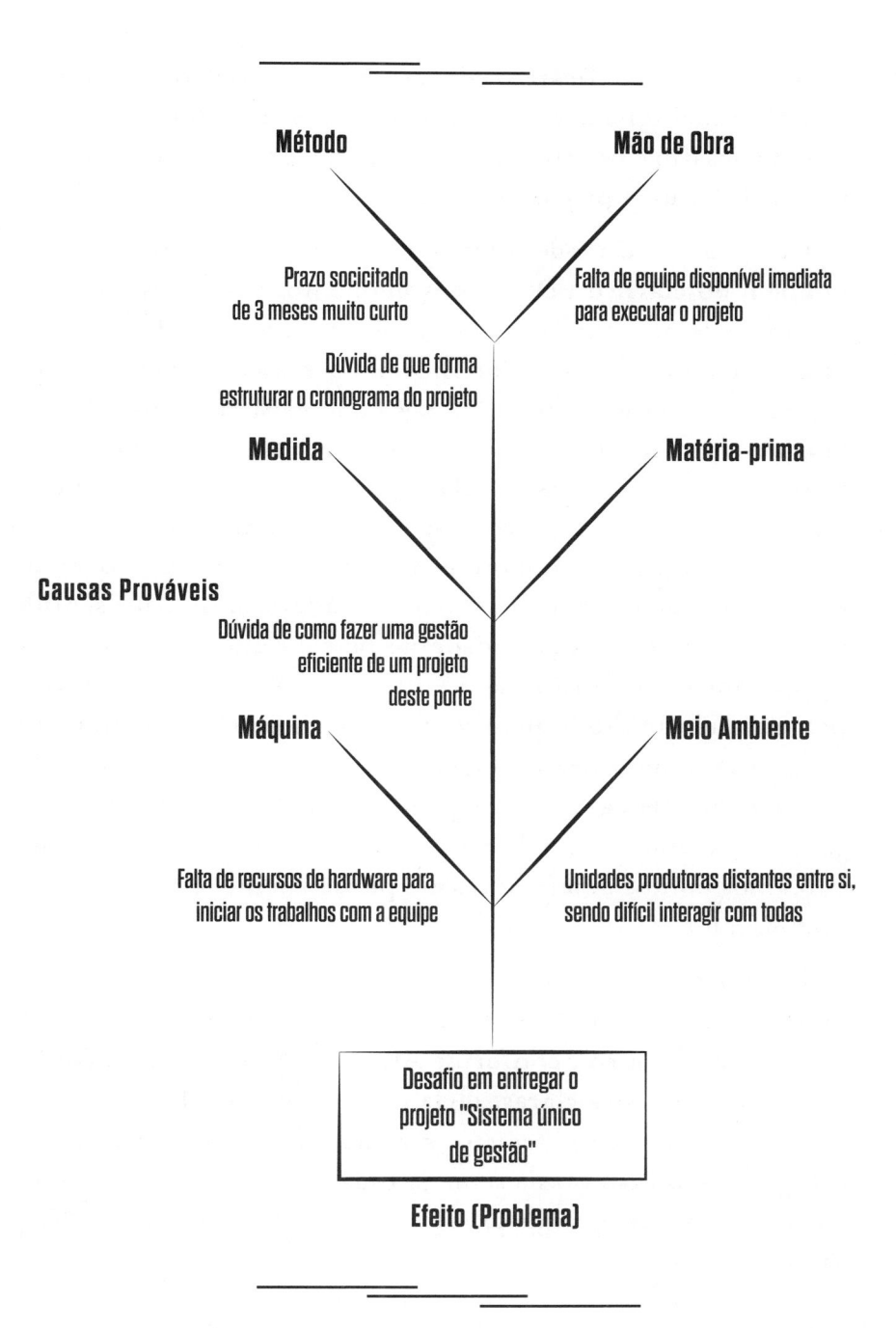

Efeito (Problema)

Figura 4.1: O Diagrama de Causa e Efeito do nosso grande desafio

Após a reunião, ficamos conversando, eu e outro colega, para assimilar melhor a demanda, preocupados em entender o tamanho do desafio e os próximos passos, pois nos fora dado autonomia de fazer uma proposta inicial de condução.

Como o nosso modelo mental era de gestão de processos, e também do clássico PDCA, nos momentos seguintes tentamos colocar o desafio em forma de "problema", em um diagrama de causa e efeito. Nosso maior incômodo era como entregar um produto de qualidade (o guia, *book* de um sistema único de gestão) que contribuiria com melhores resultados operacionais no prazo de três meses? Estava claro para nós desde o início que o maior desafio seria o prazo, e também o "como" (de que forma se estruturar para conduzir o projeto com qualidade e no tempo certo). O "quem" também nos incomodava muito, no sentido de entender qual a quantidade de pessoas que envolveríamos, porque ter recurso ilimitado é uma questão muito relativa, se por um lado tenho a quantidade de pessoas que solicitar, um grupo sem uma ordenação e engajamento corretos de trabalho é o princípio do caos, de um grande risco para o projeto. Na figura 4.1, a visão inicial de como enxerguei os desafios. Veja que tínhamos pontos desafiadores em praticamente todos os "6 Ms" do diagrama.

Na época, resumi o desafio em três perguntas que precisavam de resposta imediata para seguir em frente, as quais chamei de "perguntas de ouro", conforme a figura 4.2, e que se eu conseguisse ter respostas claras, teria uma visão inicial de como estruturar e conduzir o projeto. Ficamos com essas perguntas na cabeça, e sem respostas a semana toda. Mas nada como um dia após o outro e um grande propósito que te desafie a pensar "fora da caixa".

Eu já era grande entusiasta das práticas ágeis, me identificava muito com o conteúdo do Manifesto Ágil, mas não tinha tido a real oportunidade de aplicá-las de forma ampla. Pois bem, no fim de semana fui ao shopping e nas minhas pesquisas na livraria vi o livro *Sprint*, de Jake Knapp (do Google Ventures), de quem já tinha ouvido falar, mas não havia lido ainda. Devorei o livro no mesmo fim de semana. Essa leitura me abriu a cabeça, confirmando o que sempre acreditei, que na verdade o propósito e a atitude para buscar as melhores soluções sempre estará dentro de você, mas, às vezes, são necessários alguns gatilhos para tirar essa essência de você. E foi isso que essa leitura fez comigo (é o poder de um bom livro), a forma prática de abordagem do autor e seus exemplos práticos foram esclarecedores para eu enxergar um caminho de planejamento e execução do projeto.

Na segunda-feira, cheguei no escritório muito entusiasmado, e a primeira coisa que fiz foi contar ao meu parceiro de projeto sobre minha "aventura" de final de semana, sobre a leitura do livro *Sprint* e sobre as ideias que eu estava tendo a respeito de como planejarmos e executarmos o projeto. Ele me ouviu atentamente e, como grande parceiro que sempre foi, que também tinha as mesmas crenças e entusiasmo por querer fazer algo de muita qualidade e inovador na forma de executar, adivinhe o que ele fez? Sim! Foi correndo ao shopping e comprou o mesmo livro e o leu de um dia para o outro. Então pronto! Estávamos os dois alinhados em termos de base de conhecimento, mas, acima de tudo, muito entusiasmados para experimentar uma estrutura ágil na forma de conduzir o projeto, e também muito conscientes do tamanho do nosso desafio. É claro que a questão do livro foi um gatilho, como falei.

```
            1
    Como aumentar minha
    velocidade de entrega?
            2
??? Quantas pessoas    ???
    preciso no projeto?
            3
    Como gerenciar a
    qualidade do produto
    durante a execução?
```

Figura 4.2: As Perguntas de Ouro que eu não sabia responder

A sequência de planejamento envolveu nossa forte experiência no tema do projeto, com a mente e o peito abertos em testar algo que quebrasse o paradigma de velocidade de entrega x qualidade e da forma das pessoas trabalharem.

Caso de aplicação

Estruturando o projeto: os papéis, o time

De imediato começamos a trabalhar em busca das respostas daquelas três perguntas de ouro. A primeira que pensamos foi: *"Para o tamanho de escopo de projeto, quantas pessoas precisaríamos?"* Bom, para saber o número de pessoas, precisávamos ter uma visão de volume de trabalho e quais níveis de conhecimento precisaríamos ter para montar a equipe. Já havia sido tomada uma decisão que selecionaríamos pessoas com conhecimentos específicos dos temas que compunham o escopo, em especial pessoas que trabalhavam nas unidades produtoras, para termos essa visão do nosso cliente (que eram as próprias unidades produtoras), pois seriam eles os executores do sistema de gestão no dia a dia. Vejam que decisão importante: estaríamos recrutando pessoas para executar o projeto que estariam dedicados a ele *full time* durante seu período de execução de três meses, sendo bons conhecedores do sistema de gestão que deveriam reconstruir, e que ao fim do projeto voltariam a serem clientes, executando e implantando o produto do projeto (o *book* com todo o sistema de gestão desenhado) nas suas unidades de origem.

O primeiro ponto a decidir era o tamanho do time. Na visão ágil do Framework Scrum, um time tem uma boa aderência quando seu tamanho é entre três e no máximo nove. O nosso ponto restritivo nesse aspecto era que, por questões técnicas específicas, o modelo de gestão deveria contemplar oito grandes áreas de *conhecimento específicos* (o que chamávamos de pilares do sistema de gestão). Esses pilares se complementavam, mas tinham conhecimento e aplicações específicas, e seria impossível fazer um único time Scrum para construir todas as oito partes de conhecimento. Portanto, a decisão foi trabalhar com um time Scrum para cada uma das oito frentes de conhecimento, ou seja, no total seriam oito times que trabalhariam em paralelo com escopos específicos (cada um com um pilar de conhecimento específico), mas que estariam conectados, interagindo todo o tempo, a fim de se ter os pontos em comum bem alinhados.

Backlog do Produto
- Books do sistema de gestão com 8 áreas de conhecimento

ESTRUTURA E PAPÉIS

- 1 S.M. + equipe de 4 (x8)
- 1 P.O.
- 2 apoios para o P.O.

Comitê validador:
6 membros
(2 corporativos e
4 das unidades produtoras)

Legenda: S.M. = SCRUM Master

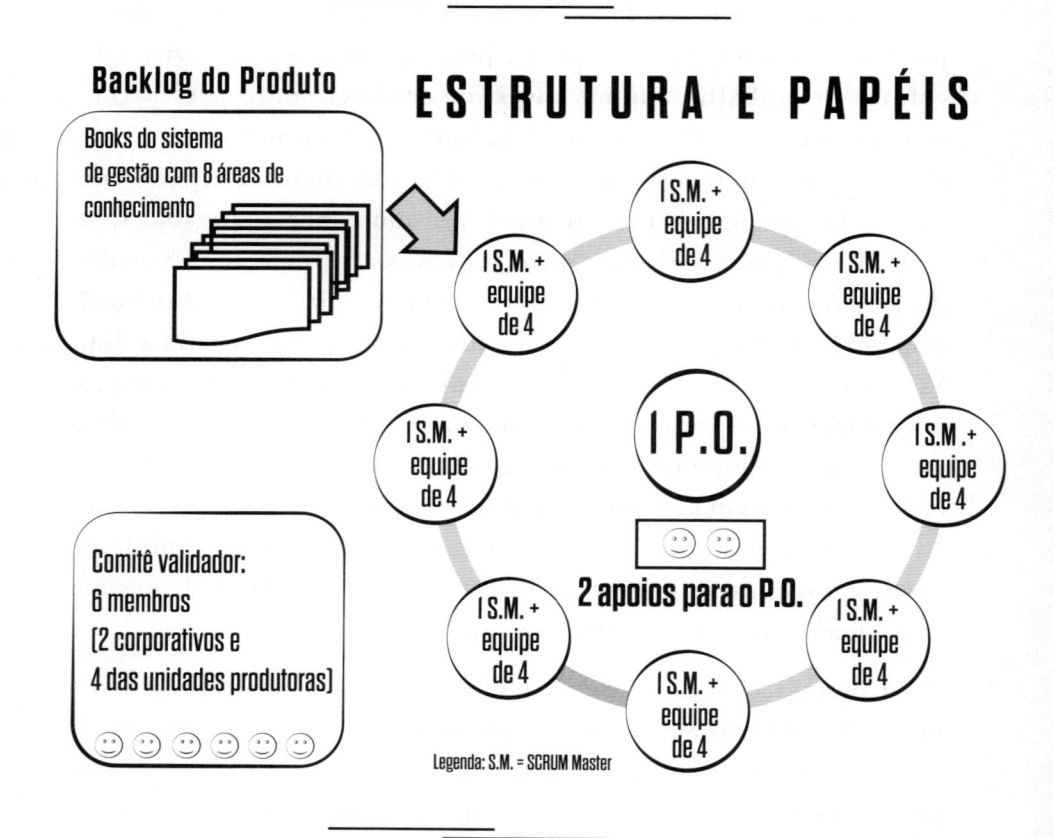

Figura 4.3: Estrutura dos times de Scrum para o projeto

Esse foi o modelo adotado para o projeto ser desenvolvido. Não era uma estrutura simples, mas houve um grande cuidado para que cada grupo Scrum tivesse domínio bem amplo de sua área de conhecimento e o P.O. tinha domínio de mais de 20 anos de todo o sistema de gestão, uma ampla visão sistêmica para orientar os times. Os Scrum Masters escolhidos, além de terem as características descritas no capítulo 3, peculiar da função, possuíam um perfil de maturidade e liderança servidora, tendo por objetivo remover qualquer tipo de impedimento para o grupo trabalhar com foco total no backlog do produto. Esses oito Scrum Masters também tinham profundo conhecimento do escopo que estavam desenvolvendo, o que não deixava de ser um apoio para o Product Owner; mas conforme a estrutura clássica, a palavra final sempre era do P.O., em relação a aceitar ou não o incremento de produto ao final de cada Sprint. Também havia um comitê validador bem robusto com seis membros, que eram gestores, todos clientes do produto em desenvolvimento, que davam um apoio incondicional ao P.O., facilitando seu trabalho de validação a cada Sprint.

Vale também destacar que os times Scrum seguiram o conceito de que entre os quatro membros do time de desenvolvimento não havia função diferenciada, sendo adotado um perfil básico de *skills* dentro do time Scrum, que facilitaria o trabalho de coesão e perfis complementares, garantindo que dentro do grupo teríamos o conhecimento de gestão, o conhecimento técnico e também o conhecimento mais digital, que era um viés desejado também, pois o projeto tinha uma interface digital considerável.

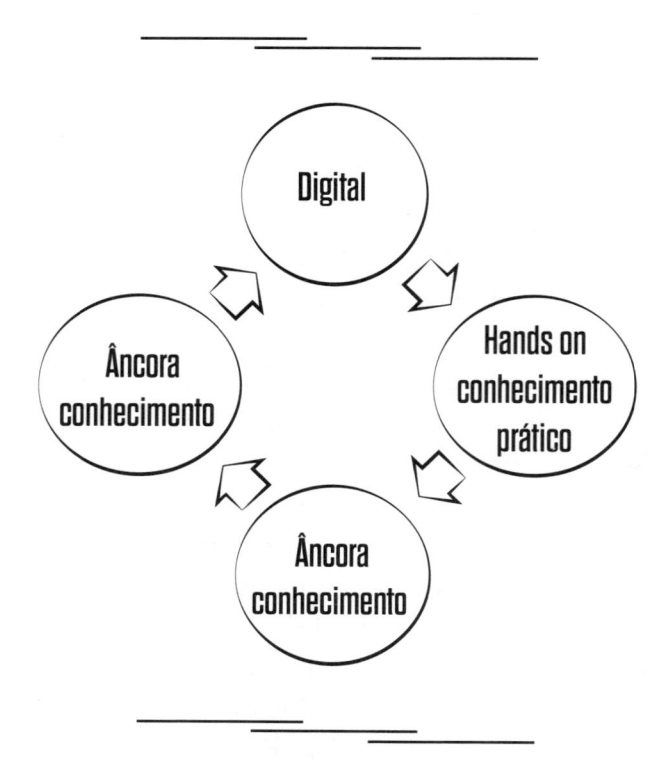

*Figura 4.4: Perfil de **skills** do Time Scrum*

A essência que quero deixar clara aqui para você é que utilizamos o conceito clássico do Framework Scrum, que foi muito importante para entendermos a melhor forma de estruturar pequenos times, fortes tecnicamente, mas foram feitos ajustes necessários para se adequar à realidade do ambiente da organização e ao escopo do projeto, e esse foi um fator crítico de sucesso. Então, resumindo a estrutura dos papéis:

➤ Eram oito grupos de Scrum que trabalhavam um backlog de produto específico por área de conhecimento, que se complementavam e, no final do projeto, se conectavam para serem um único produto.

➤ Era um P.O. apenas para os oito times Scrum. Apesar de parecer que sobrecarregava, ao mesmo tempo, garantia contato com todos os grupos, facilitando a integração dos escopos entre os oito grupos. Esse Product Owner tinha apoio integral de dois membros, funcionando como "um escritório de projeto", que ajudavam a garantir o cumprimento dos eventos e na documentação básica dos grupos e também auxiliavam na organização de agenda de relacionamento com os demais stakeholders.

➤ Esse grupo de apoio ao P.O., dado o tamanho do projeto (oito times de Scrum, trabalhando em paralelo), ficou com porte similar àqueles em que se utiliza o Framework "SAFE" (*Scaled Agile Framework*), próprio para projetos de grande escala, no qual existe o *"system team"*, uma equipe *"agile"* que dá suporte à construção do ambiente de desenvolvimento ágil, com ferramentas que auxiliam na integração entre times e suporte para garantir a entrega contínua de incrementos.

➤ O comitê validador também tinha uma atuação muito ativa nas validações dos incrementos após cada Sprint dos grupos de Scrum, o que ajudava a não sobrecarregar o P.O.

Um ponto crucial: "o quem" e o "eu quero", a seleção do time

Um ponto de sucesso em qualquer projeto é evidentemente acertar na escolha do perfil que se planejou, ainda mais no projeto que estou descrevendo, onde estavam envolvidos cerca de quarenta pessoas, deslocadas de suas funções originais para se dedicar em um tempo de curto prazo *full time*. Dessa forma, um ponto de decisão foi abrir um processo seletivo interno, no âmbito de toda a organização, pois entendemos que não poderíamos abrir mão que cada indivíduo que participasse do processo estivesse nele por desejo voluntário de querer ter essa oportunidade de aprendizado, de participar de um projeto vital para a organização e, acima de tudo, de uma experiência única, utilizando as práticas ágeis como principal norteador do trabalho. Imaginamos que esse espírito de "querer" de cada um do time facilitaria conseguirmos praticar em todo grupo os tão nobres valores do Scrum: compromisso, foco, coragem, respeito e abertura.

Assim foi feito. Eu e meu colega fizemos as entrevistas virtuais das dezenas de candidatos e depois algumas dinâmicas presenciais para chegarmos aos oito times Scrum. Conseguimos uma excelente representatividade de pessoas de várias unidades produtoras diferentes, o que garantia a diversidade desejada, pois um dos grandes desafios do projeto era justamente atender a expectativa múltipla, mas que se transforma em um modelo único em consenso. Dessa forma, era fundamental ter essa diversidade nos times.

Dia zero: Receba bem o time e capacite-o

Como já havia comentado, as pessoas selecionadas para executarem o projeto eram de diferentes regiões. Neste período ficariam todas em um mesmo local, pois seria um ponto fundamental para facilitar a integração, a inspeção e a adaptação do trabalho como um todo.

A primeira grande preocupação no dia "zero" do projeto era passar uma visão sistêmica da estrutura do projeto, uma visão inicial do backlog de produto. Um ponto importante nesse momento inicial foi a presença da alta liderança, para não deixar nenhuma dúvida do quanto era importante a entrega do projeto, e que também apoiavam a forma de "como" fazer, com as práticas ágeis.

Nesse momento inicial também foi feita uma imersão de conhecimento (treinamento) sobre as práticas ágeis, para o grupo todo, com o objetivo de fornecer um nivelamento importante para essa largada. Foi bem interessante observar certa apreensão, pois uma parte considerável nunca havia participado de um projeto no formato ágil. Por isso, foi muito importante nós que estávamos organizando todo o trabalho deixarmos muito claro o "porquê" trabalhar no modelo ágil (lembre-se das três perguntas de ouro no início do capítulo). Utilizamos bastante a visão da necessidade de responder as três perguntas e que o modelo ágil de atuar era parte dessas respostas.

Um outro ponto-chave foi mostrar no treinamento a parte fantástica e envolvente dos valores do Scrum, como potencial enorme de autodesenvolvimento e aprendizado em trabalho de equipe. E foi dessa forma que começamos o projeto, com muita motivação e a certeza que seria um grande aprendizado.

Um detalhe importante, o ambiente físico de trabalho

Um aspecto importante a ser considerado para uma boa interação do grupo de trabalho é estruturar o ambiente físico onde o time trabalha. Deve-se tentar combinar o equilíbrio de dois itens: os grupos devem ter um ambiente tranquilo para trabalhar, no qual sintam aquela desejada paz para a inspiração, mas, ao mesmo tempo, evitar de se isolarem, mantendo um contato saudável com as demais equipes que de alguma forma façam parte do projeto. A pandemia nos trouxe desafios severos em relação a isso, com a necessidade clara de distanciamento e o novo *modus operandi* do trabalho virtual/*home office*, que tem nos provocado a nos reinventar em relação aos modelos tradicionais de se inter-relacionar. No caso do projeto, como teve início antes da pandemia, tivemos a preocupação de manter os oito times de Scrum em um mesmo local físico de trabalho, que era amplo e permitia enxergar em um ambiente *open space* todos os grupos trabalhando. Naquele espaço se concentravam todas as pessoas, os artefatos para gestão à vista (que veremos na sequência) e também os principais eventos das Sprints. Ou seja, ali se modelou um autêntico ambiente ágil, de tal forma que quem entrava naquele ambiente de duas grandes salas conjugadas percebia de imediato que uma atmosfera diferente de trabalho estava sendo construída.

Esse arranjo físico foi fundamental na construção do ambiente ágil, pois levando-se em consideração que a maioria nunca havia trabalhado em uma mesma equipe, era de extrema importância esse ambiente interativo para gerar uma convivência intensa de imediato e deixar os times mais à vontade entre si. Havia algumas salas de apoio próximas, se houvesse necessidade de um trabalho mais reservado. Mesmo na situação de distanciamento mínimo de 1,5 metro entre as pessoas, ainda seria possível construir um ambiente dessa forma, com algumas modificações sensíveis, como divisórias e maior distanciamento entre mesas. O importante é a facilidade de acesso entre os times.

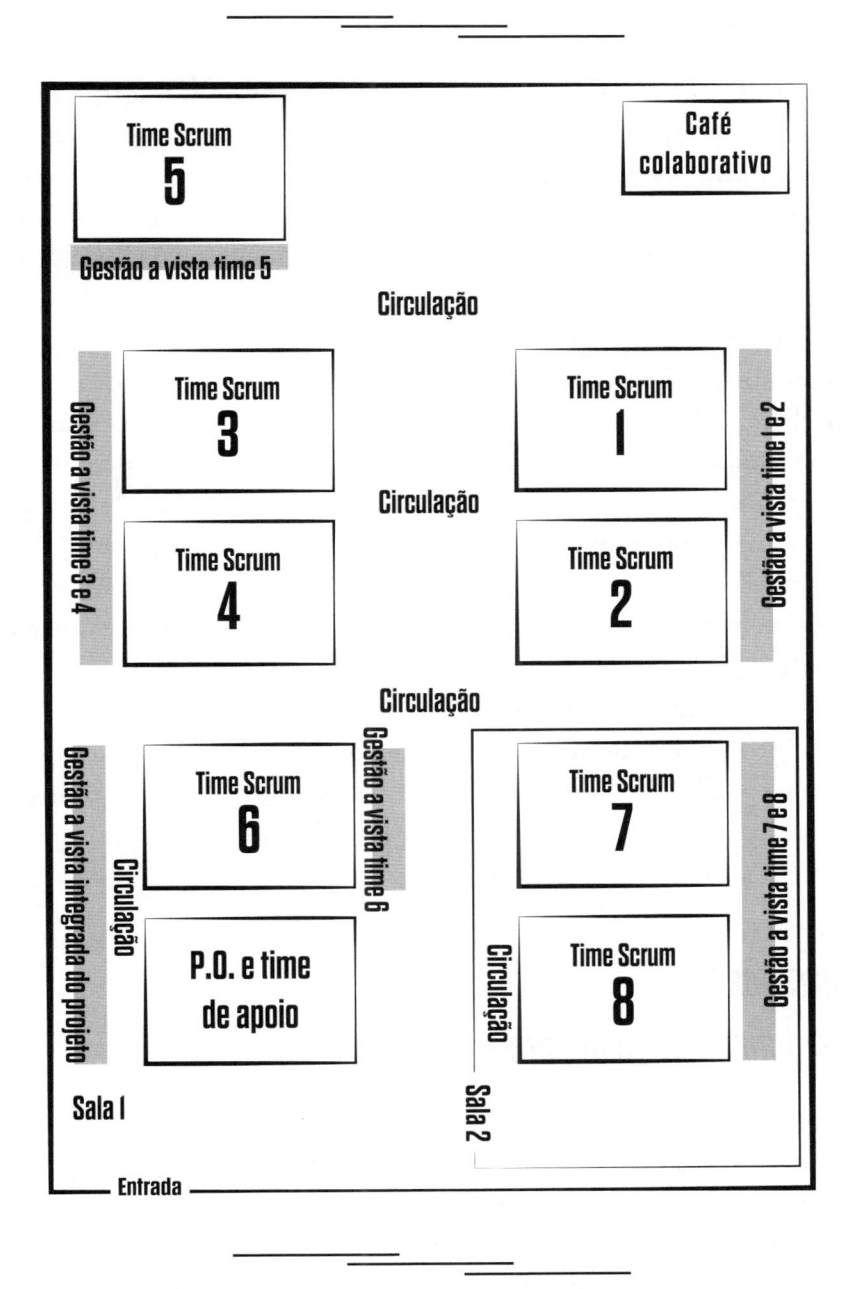

Figura 4.5: Ambiente projeto Scrum: integração total entre os grupos

Vai um cafezinho aí?

Falando um pouco mais do clima, no ambiente ágil, onde se busca o tempo todo a colaboração mútua entre os times, mas respeitando suas diversidades e momentos de imersão com foco específico em seus conteúdos, o convívio intenso e a felicidade das pessoas de estarem ali eram muito importantes. Esse é um ponto que quero destacar. Alguns itens você pode planejar e executar de uma forma que favoreça o trabalho e a convivência harmoniosa, mas o ambiente produtivo se constrói naturalmente de acordo com a interação crescente dos grupos. Lembro-me que uma das atribuições que o P.O. fazia questão era de preparar o primeiro café do dia, logo de manhã bem cedo. Depois passava em cada grupo para avisar que o café estava pronto. Era a oportunidade dele interagir com cada grupo e ver como o novo dia de trabalho havia iniciado. Outro momento importante era o almoço, a tendência dos grupos almoçarem juntos, uma excelente oportunidade de "zerar o placar", aliviando o stress da Sprint em andamento, uma situação que acima de tudo mostrava que qualquer momento difícil era superável e que aquele grupo se respeitava e se gostava, fazendo questão de estarem juntos nessas pausas.

Os eventos:
construindo o ritmo do projeto

Entramos aqui nos eventos importantes que foram estruturados, com base no Framework Scrum, para gerenciar o projeto de forma ágil, uma questão fundamental para dar ritmo e flexibilidade e promover a oportunidade de aproveitar os feedbacks dos clientes e as ideias dos integrantes do grupo serem insumo constante de melhoria para o que estava sendo construído den-

Caso de aplicação

tro de cada Sprint. Vale destacar novamente o quanto crucial seguir a estrutura do Framework Scrum para suas necessidades reais, a fim de que de fato ele se adapte e ajude na sua realidade, no seu mundo real.

Pois bem, relembrando o que já vimos, na estrutura clássica do Framework Scrum, temos a Sprint como grande evento-mãe, no qual ao final elaboramos um incremento significativo para o produto final. Dentro da estrutura de cada Sprint, temos a reunião de planejamento, as reuniões diárias, a Sprint Review e a reunião de retrospectiva.

Tempo estimado para o product backlog :
12 semanas (3 meses)
Tempo de Sprint Sugerida : 1 semana

8 times	Sprint 1	Sprint 2	....	Sprint 12
Time 1				
Time 2				
Time 3				
Time 4				
Time 5				
Time 6				
Time 7				
Time 8				

Potencial de ter 96 Sprints; em média, 8 por semana.

Estrutura dos eventos

8 times	Planejamento Sprint	Reunião diária por time	Reunião diária Scrum Masters	Reunião de revisão da Sprint	Reunião de retrospectiva
Time 1					
Time 2					
Time 3	Às segundas, das 8:00 às 09:00, uma por time.	Por time, das 8:00 às 8:15.	Os 8 Scrum Masters, o P.O. e o time de apoio, das 17:00 às 17:30.	Às sextas 1,5 h. Cada time define o seu horário.	Após a reunião da revisão da Sprint
Time 4					
Time 5					
Time 6					
Time 7					
Time 8					

Figura 4.6: Estrutura geral dos eventos

Na figura 4.6, são mostrados os eventos que foram implantados durante as doze semanas de Sprint em que o projeto foi executado. Vou comentar aqui a importância de cada uma dessas reuniões.

Reunião de Planejamento da Sprint
(Scrum Master, time Scrum e P.O.)

Exemplo de I

- Elemento entregável ao fim da Sprint
- Subelementos
- Sprint de seg a sex

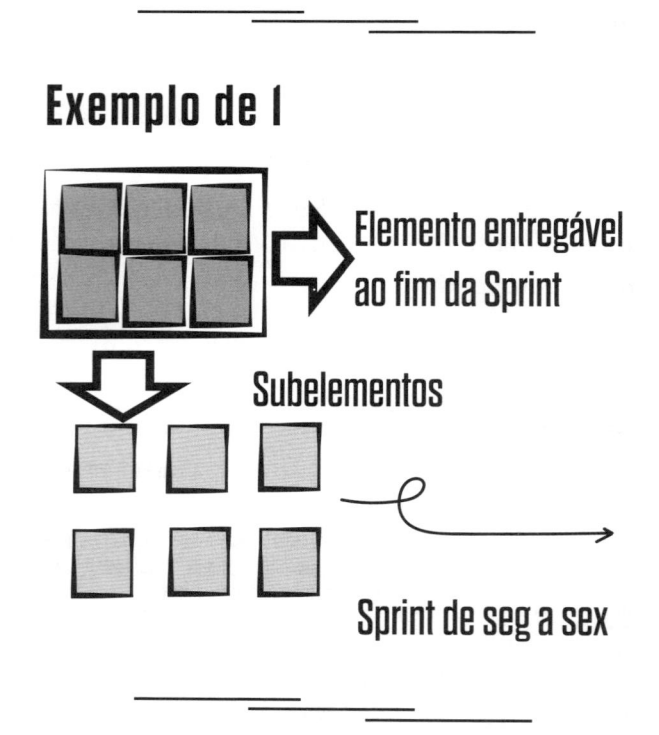

Figura 4.7: Exemplo de elemento entregável ao fim da Sprint

Essa reunião é de extrema importância, pois como as Sprints eram de uma semana, um tempo muito curto, esse planejamento já era feito na segunda-feira cedo, com foco no que seria entregue naquela Sprint (o que você aprendeu no capítulo 3 com o nome de Sprint Backlog) e um cronograma, que era colocado à vista de todos do grupo. Essa reunião era feita por cada um dos oito grupos Scrum, um desafio para o P.O., que não podia estar em todas ao mesmo tempo e, por essa razão, contava com seus dois membros de apoio para auxiliá-lo na validação.

Como estava sendo construído um modelo de gestão, cada um dos oito grupos entregava a cada Sprint "um tópico" de gerenciamento que chamávamos de "elemento". Esse elemento era dividido em subtópicos que eram os subelementos, a menor divisão de produto entregável dentro da Sprint. Esse modo de organizar as entregas ajudava a dimensionar o tempo para construir cada subelemento dentro da Sprint.

Reunião diária de 15 minutos
(Scrum Master, time Scrum)

Considero a reunião diária no início do dia como uma das mais importantes para dar o ritmo e não perder o foco na Sprint da semana. Era feita em pé, à vista do "Scrum Board" da Sprint em andamento, conduzida pelo Scrum Master, com a tomada de decisão feita por todo o time. Aquele momento era uma leitura bem pragmática do que tinha sido feito e do que faltava fazer, observando o que havia sido planejado no dia anterior, mas também o planejamento geral da Sprint. O norte dessa curta reunião é verificar o real andamento da entrega planejada e, de imediato, traçar ações de curto prazo para se recuperar o atraso nas próximas 24 horas. Como é uma reunião curta e dinâmica, é o momento em que talvez mais "aflorem" os valores ágeis, como o foco no que foi o compromisso de entrega, a coragem para decidir e corrigir a rota necessária e o respeito entre os colegas de buscarem uma cadeia de ajuda o tempo todo.

Reunião diária de alinhamento dos Scrum Masters –
30 minutos (Scrum Master dos oito grupos, P.O. e time de apoio)

Esse é o evento que foi incluído *a mais* para esse projeto, sendo fácil entender a sua necessidade. Como era um projeto em que haviam oito times Scrum trabalhando em paralelo com escopos específicos, mas que no fim se complementariam, era de extrema importância que houvesse um alinhamento diário entre os Scrum Masters, puxado pelo P.O. em que se avaliava os seguintes itens:

➤ Andamento da Sprint atual de cada time;

➤ Alinhamentos de escopo entre times;

➤ Assuntos gerais que impactavam todos os times.

Essa reunião também era feita em pé em frente ao painel de gestão à vista integrada de todo o projeto. Esse momento também acabava sendo uma mini reunião de retrospectiva entre os Scrum Masters, e sempre havia trocas de experiências entre eles em relação às suas experiências vividas em seu grupo. Reunião de muita energia e de fortalecimento do escopo geral do projeto. Era realizada no fim do dia, às 17 horas.

Reunião da Sprint Review – 90 minutos
(por grupo, Scrum Master, time Scrum, P.O. ou um de seus representantes e clientes validadores das unidades produtoras)

Outro evento de grande impacto, feito ao fim de cada Sprint, chamado "hora da verdade", momento que se apresentava para um grupo previamente convidado, em geral, das unidades produtoras, que tinha o conhecimento necessário para ajudar a avaliar o elemento que havia sido descrito e redigido naquela Sprint. Nela era sinalizado se estava condizente com as necessidades de gestão das fábricas (uma vez, tal grupo aplicaria aquela parte do sistema para sua gestão de processos). Geralmente, ocorria por videoconferência, pois envolvia "clientes" de várias regiões do País.

Esse evento era feito por todos os times Scrum e também havia a validação final do P.O. — mesmo que ele não conseguisse participar das reuniões de todos os grupos, havia um momento específico para sua validação. Essa reunião da Sprint Review foi muito importante para consolidar o modelo mental ágil do projeto, pois como os temas variavam a cada Sprint, os temas técnicos mudavam e, dessa forma, outros "clientes" com o conhecimento necessário eram chamados para alinhar. Houve um número significativo de pessoas que participaram das validações e que deram feedbacks preciosos, direcionando a correção do que estava sendo construído com os grupos, gerando uma autoconfiança maior de que o projeto estava no caminho certo. Para se ter uma ideia, estamos falando de um total aproximado de quase cem reuniões de Sprint Review ao longo do projeto, se contarmos todos os oito times, que foram acontecendo de modo cadenciado. Esses feedbacks foram utilizados de forma incremental, semana a semana. Imagine se esse feedback fosse dado só ao final do projeto ou, digamos, na metade do cronograma do projeto, o volume de informações que se teria e o quanto seria confuso incorporar de uma só fez essas sugestões ao produto.

Reunião de Retrospectiva
(Scrum Masters, P.O. e Time Scrum)

Essa reunião ocorria logo após a Sprint Review, depois de ouvir o feedback do cliente e dos P.O.s, sendo um bom momento para se pensar na forma que se trabalhou na Sprint recém-concluída, ouvir a opinião e os incômodos de cada um do time e afinar os ponteiros para a semana seguinte. Um momento fundamental de reflexão e reforço da união e valores do time. Como comentei, na reunião dos Scrum Masters também eram discutidos itens ligados ao *modus operandi* geral dos grupos e essa reunião era, ademais, utilizada para se fazer ajustes finos imediatos na forma de trabalho das equipes.

Os artefatos: gestão dinâmica e enxuta do projeto

Falamos dos papéis, da forma que estruturamos as equipes, da estrutura sequencial dos eventos para fazer a inspeção do projeto e, por fim, para completar o Framework Scrum, vamos falar dos artefatos que foram utilizados para garantir a transparência das informações essenciais do projeto, que vinham sendo construídas diariamente, Sprint a Sprint. Destaco aqui a importância dessa parte, pois dado o volume de pessoas envolvidas, mais de quarenta participantes, trabalhando em grupos paralelos, cujas partes se conectavam, era fundamental ter uma estratégia de gestão *padronizada*, de produção dos incrementos do produto, para que todos os que inspecionassem o produto tivessem a mesma base para fazer a adaptação, se necessário.

Descreverei aqui os principais artefatos usados ao longo do projeto, que foram poucos, mas utilizados de forma dinâmica e pragmática, nunca como um quadro decorativo de parede. Tudo foi de intenso benefício para as tomadas de decisões diárias dos times, sempre melhorando cada vez mais os incrementos de produtos das Sprints. Esse foi um grande aprendizado, pois artefatos são itens vivos atualizados de forma dinâmica para se inspecionar, para se tomar decisões e fazer as adaptações necessárias, e não um quadro bonito para mostrar aos gestores que visitam a sala de projeto de vez em quando.

Backlog do produto

Um dos principais artefatos para fazer o controle/inspeção do produto final, que seriam os *books* completos de gestão, um para cada uma das oito áreas de conhecimento, era o backlog do produto. Voltando à definição de *O guia do Scrum*, seria uma lista ordenada e emergente do que é necessário para melhorar o produto. É a única fonte de trabalho utilizada pelos times Scrum para planejar suas Sprints.

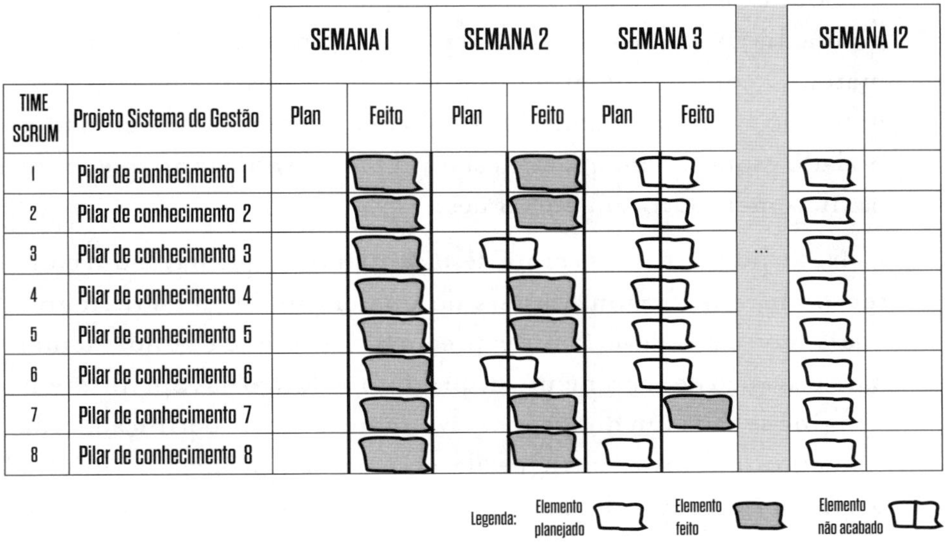

TIME SCRUM	Projeto Sistema de Gestão	SEMANA 1		SEMANA 2		SEMANA 3		SEMANA 12
		Plan	Feito	Plan	Feito	Plan	Feito	
1	Pilar de conhecimento 1	▨	▨		▨	▢		▢
2	Pilar de conhecimento 2	▨	▨		▨	▢		▢
3	Pilar de conhecimento 3	▨	▢			▢		▢
4	Pilar de conhecimento 4	▨	▨		▨	▢		▢
5	Pilar de conhecimento 5	▨	▨		▨	▢		▢
6	Pilar de conhecimento 6	▨	▨			▢		▢
7	Pilar de conhecimento 7	▨	▨		▨		▨	▢
8	Pilar de conhecimento 8	▨	▨				▢	▢

Legenda: Elemento planejado ▢ Elemento feito ▨ Elemento não acabado ▥

Figura 4.8: Backlog do produto

Na figura 4.8, podemos observar como era o quadro geral do backlog do produto de todo o projeto. Esse quadro em gestão à vista era atualizado uma vez por dia por todos os grupos, na reunião dos Scrum Masters, às 17 horas, com *post-its*, de forma bem prática e dinâmica. Para deixar mais claro, essa reprodução simbolizaria o projeto na terceira semana de andamento (as semanas de 4 a 11 foram suprimidas na figura). Em cada uma das oito linhas, temos o status de cada um dos times responsáveis pelos pilares específicos de conhecimento. Para exemplificar, se fôssemos fazer uma leitura dinâmica do quadro:

> **Semana 1:** Todos os oito elementos entregues.

> **Semana 2:** Seis entregues e dois em andamento.

> **Semana 3:** Um entregue, seis em andamento e um não iniciado.

Com essa gestão simples, a evolução do projeto era acompanhada diariamente conforme o planejamento, por time, por semana. O conceito de produto pronto seria nossa "meta do produto": ao final da semana 12, 100% dos elementos posicionados no lado esquerdo do quadro estavam feitos, indicando que todos os incrementos foram entregues.

Neste ponto, é importante destacar também que havia um consenso entre os Scrum Masters do que era um elemento "feito", quais requisitos deveriam ser preenchidos, o que é fundamental para o avanço de incremento de produto ao longo das Sprints, pois imagine se cada um dos grupos tivesse sua própria definição, cada elemento que fosse entregue deveria ter sua própria definição. Seria muito provável que houvesse um grande desalinhamento, gerando retrabalho para nivelar as entregas e isso certamente não combina com o modelo ágil que queremos. Reforço que o modelo aqui apresentado (figura 4.8) é uma sugestão, o importante é que se siga o conceito do que significa o backlog do produto e sua importância para direcionar o curso do projeto, sendo uma lista ordenada e emergente do que é necessário para melhorar o produto. Além do seu refinamento constante para "quebrar" mais cada item, dando mais precisão e facilidade operacional para se fazer a construção dentro das Sprints.

Aqui vale a máxima que existe em qualquer acordo comercial informal, em que "o combinado não sai caro" para nenhuma parte. Essa visão de o que é considerado "feito", pronto para todos é um aprendizado fundamental.

Requisitos de um elemento "FEITO"

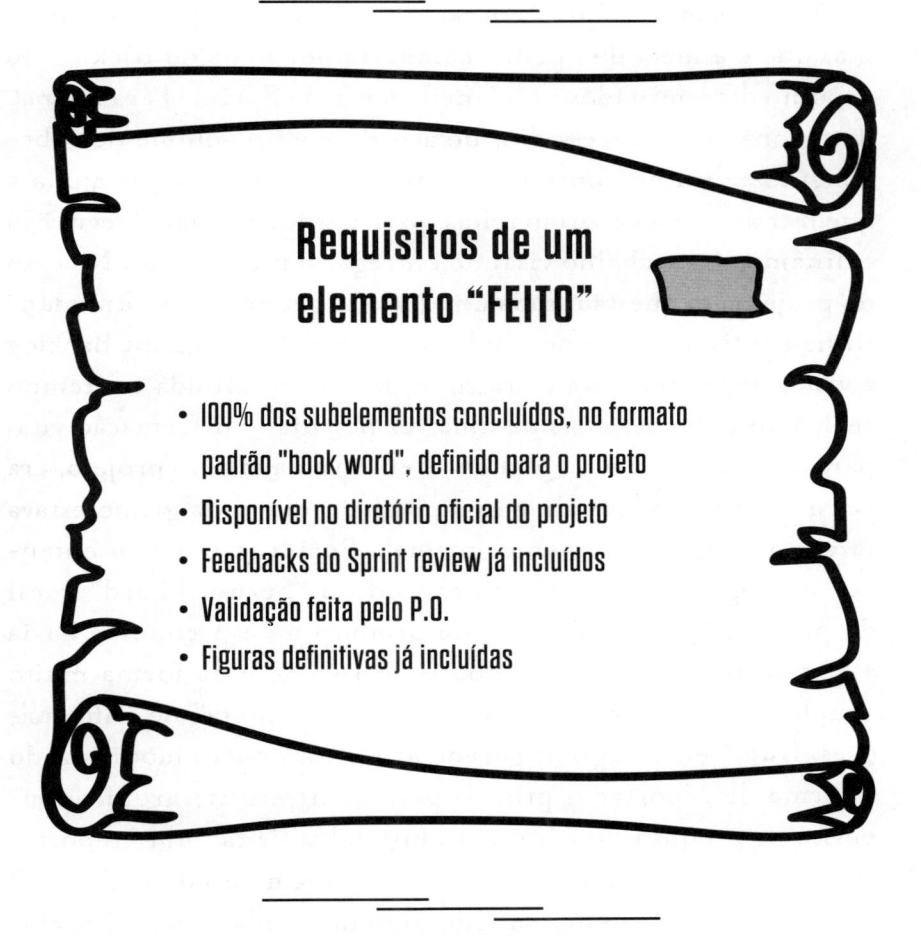

- 100% dos subelementos concluídos, no formato padrão "book word", definido para o projeto
- Disponível no diretório oficial do projeto
- Feedbacks do Sprint review já incluídos
- Validação feita pelo P.O.
- Figuras definitivas já incluídas

Figura 4.9: Definição de "feito"

Sprint Backlog

Como já vimos no capítulo 3, a Sprint Backlog define a entrega a ser feita, a sua meta para aquela determinada Sprint. Ou seja, enquanto backlog do produto gerencia o todo, aqui você gerenciará o conteúdo de cada Sprint (uma parte do seu backlog do produto), que no fim, somadas todas, será o produto final.

Dessa forma, a Sprint Backlog tem uma composição mínima, que é a meta da Sprint, composta por itens do backlog do produto determinados no planejamento da Sprint. Para a *Sprint*, deve constar, se necessário, de acordo com o volume de subelementos a serem construídos, um plano de ação que ajuda a quebrar as tarefas a serem feitas, para dar forma mais executável e dinâmica ao trabalho visando entregar o incremento. No caso do projeto em questão, cada um dos oito grupos de Scrum mantinha continuamente no seu local de trabalho a Sprint Backlog à vista, que gerenciava o trabalho do dia, atualizada em tempo real, muitas vezes, mais de uma vez por dia — informação vital para a reunião diária. Quando se entrava na sala do projeto, era possível enxergar rápida e exatamente o que cada grupo estava fazendo, naquele momento, naquela Sprint, e também entender o progresso do todo, observando o "Scrum Board" geral do projeto, isto é, o Backlog do produto no espaço onde havia a gestão integrada do projeto. Tudo isso de uma forma muito simples, explícita e dinâmica, sem "caixa-preta" de informações. Este "jeitão" ágil de gerenciar foi aos poucos modificando a forma de reportar o projeto para os níveis hierárquicos superiores, a ponto do diretor industrial solicitar um "reporte" ao longo da semana de como estava o andamento do projeto. O P.O., muitas vezes, enviava "literalmente" uma foto do Backlog do produto e das Sprints Backlogs, sem gasto de tempo de montagem de Power Point para apresentação (me perdoe a brilhante Microsoft). Simples e ágil. Na figura 4.10, temos um controle similar ao que era feito pelos grupos em cada Sprint (adaptado) que você também pode usar no seu projeto (reforçando que o modelo de acompanhamento é uma sugestão). Basicamente composto por:

> A Sprint Backlog é o escopo que foi definido para aquela Sprint; nesse caso, os subelementos a serem feitos (a menor divisão entregável do projeto).

> Status dinâmico do que está em andamento, por meio das colunas "Em andamento" e "Feito". Essas colunas devem ser atualizadas de imediato, sempre que houver alguma mudança de status.

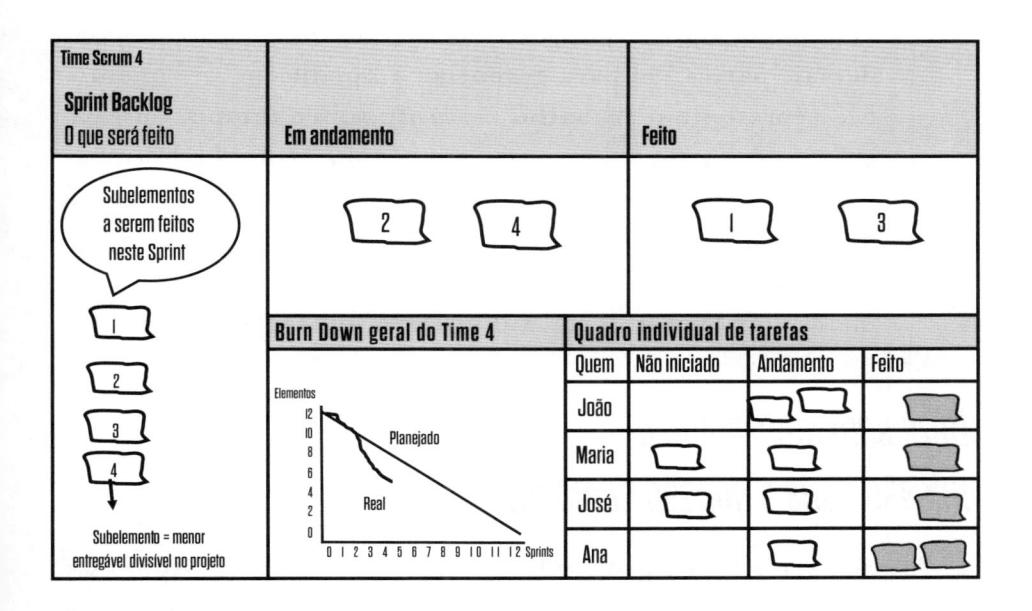

Figura 4.10: Quadro Sprint Backlog

> O quadro individual de tarefas é um controle dinâmico do que cada componente do grupo e o Scrum Master necessitam fazer para concluir a Sprint. Naturalmente são ações decompostas (seria "o como" fazer), todas ligadas ao escopo da Sprint (Sprint Backlog). Em geral, essas tarefas são pla-

nejadas e distribuídas na reunião de planejamento da Sprint e atualizadas dinamicamente, em especial, na reunião diária, no início do dia. Ele é bem prático e tem o objetivo de provocar uma constante cadeia de ajuda, onde os membros mais adiantados com suas tarefas podem contribuir com os demais colegas que necessitem de ajuda.

➤ O gráfico Burndown, que será mais detalhado no capítulo 5, é uma gestão dinâmica de cada incremento do produto construído a cada Sprint. Nesse caso, é a única parte do quadro da figura que gerencia o todo do projeto, pois as demais partes são para gerenciar a Sprint em andamento. Ele representa o **trabalho restante sobre tempo**, ou seja, ele permite visualizar o progresso e/ou a evolução do trabalho executado pela equipe e a quantidade trabalho x tempo que ainda faltam. No caso desse projeto, em que cada grupo entregava de um a dois elementos do seu pilar de conhecimento por Sprint, seria avaliar essa evolução a cada Sprint.

Doze semanas voam, e missão dada é missão cumprida

As doze semanas de projeto foram intensas e voaram. Após esse período, o combinado era entregar o produto. E foi feito **com zero atraso!**

A entrega:

Todo o sistema de gestão de operações, revisado e atualizado em oito pilares de conhecimento distintos, que seriam utilizados de forma única em todas as unidades produtoras. Isso se materializou em oito books *de instrução do sistema de gestão, que somavam mais de mil páginas.*

Isso feito de forma coordenada nesse período, *sem atraso*, por mais de quarenta pessoas que, antes do projeto, mal se conheciam, não tinham experiência nas práticas ágeis, mas tiveram fé que seria muito transformador passar por essa experiência de construir algo que seria significativo para a companhia, que tiveram coragem em aplicar ferramentas e práticas que nunca haviam trabalhado antes, rompendo realmente a barreira do desconhecido, rumo a um legítimo *mindset* de crescimento (sobre o qual falaremos no capítulo 7).

Outro ponto a destacar é que a carga horária diária de trabalho dos times Scrum raramente ultrapassaram o horário normal, quebrando um paradigma que um trabalho de qualidade é diretamente proporcional ao número de horas trabalhadas. Na verdade, o que se aprendeu é que um grupo organizado de forma correta, com *papéis* bem alinhados, trabalhando e inspecionado dinamicamente a entrega por meio de *eventos* assertivos e bem dimensionados, e utilizando *artefatos* simples para controle, mas de interação coletiva forte, facilitando a adaptação do que é necessário, foi de fato o diferencial para a entrega.

Quais foram os maiores benefícios notados por este grande time

Neste ponto eu poderia escrever umas três páginas sobre o que as pessoas que participaram citaram em relação ao aprendizado pessoal e coletivo que houve para todos. Mas farei diferente. Vou me referenciar aqui pelos cinco valores do Scrum: *Compromisso, foco, coragem, respeito e abertura*. Ou seja, vou fazer uma breve análise crítica se de fato enxergamos esses valores sendo praticados durante o projeto. Se a resposta for sim, é sinal que as pessoas entenderam como deveriam trabalhar e, sem dúvida, isso impulsionou o trabalho.

Sobre compromisso

Como falei, era um grupo de mais de quarenta pessoas, que não se conheciam, e, ao longo do projeto, só houve uma desistência, pontual, por motivos pessoais. Todas as demais foram até o fim. Saíram de suas cidades, para ficar na sede da empresa durante a realização do projeto, e era totalmente perceptível o orgulho geral de estar ali participando.

Sobre foco

A forma intensa de trabalho, com pontos de controle e inspeção bem definidos, ajudou muito o time a ter. Essa visão de início (planejamento), corrigir rota diariamente (reunião diária) e a entrega por Sprint, com validação do cliente, foram o diferencial. Um indício de que os oito times tiveram foco é que nenhum deles se atrasou em relação a entrega e todos conseguiram produzir 100% do escopo planejado no prazo. Se no primeiro dia que entrei no projeto tivessem me perguntado qual prazo eu "acharia viável", eu certamente responderia de 6 a 8 meses (mais que o dobro de tempo que tivemos), dado o volume de trabalho e por desconhecer a potência de foco que o Framework Scrum nos proporcionaria.

Sobre coragem

Esse talvez seja um dos valores mais difíceis de ser medido em um grupo que está trabalhando junto, focado no mesmo propósito. Mas o que se percebe é que o maior medo que temos em um processo natural de trabalho é o de falhar; e em um projeto tradicional você acaba descobrindo as falhas já em fases adiantadas do projeto. No *modus operandi* que trabalhamos, essas falhas vinham à tona rapidamente, nos feedbacks dos clientes, do P.O., e até nas reuniões diárias. Lidar com falhas diariamente e convertê-las em caminho para melhoria não é algo confortável, é preciso sim ter a tal *coragem* para seguir em frente e gerar aprendizado com o ocorrido.

Sobre respeito

A maior prova de que houve uma construção de respeito muito forte nesse grupo é que, mesmo após o término, o grupo continuou muito ligado entre si (até hoje temos contato intenso em nosso grupo de *WhatsApp*). Acredito que esse respeito mútuo surgiu em função de que todos estavam fazendo seu trabalho de forma bem diferente (intensidade, foco e forma de gestão) de tudo que já haviam feito, o que gerava uma percepção de todos "no mesmo barco", e que todos tinham que "remar" juntos. É entender que cada indivíduo faz o coletivo.

Sobre abertura

Essa forma intensa de trabalhar, decidindo junto diariamente, ouvindo o cliente e o P.O. toda semana e vendo como a opinião deles contribuem com o trabalho final, certamente, impulsiona todos a estarem mais abertos a ouvir, interagir com as pessoas e o ambiente, e se sentir aprendendo e crescendo com essa dinâmica.

Por fim, esse sentimento de se sentir desafiado, buscando algo sempre incremental, mas longe de travar no perfeccionismo, é algo que faz muito bem para a alma humana e gera uma coisa muito boa chamada felicidade e, quando isso ocorre no trabalho que você está participando, é simplesmente fantástico.

Focando e agindo

Focando:

> Não tenha dúvida do poder de foco e de mobilidade para adaptação que o Framework Scrum gera no time.

> Uma percepção muito forte ao longo do projeto: um ciclo de inspeção curto, como as reuniões diárias, impactam muito positivamente no nível de ansiedade das pessoas. Informação atualizada não te faz alucinar e especular o real status do trabalho.

> A reunião de retrospectiva traz de fato um poder incrível de ajustar "o jeito de fazer as coisas". Esse jeito que você quer melhorar deve ter foco em dois itens: a garantia da entrega certa ao final da Sprint e o bem-estar e aprendizado das pessoas.

> Lembre-se sempre que o grande objetivo é a entrega final ao cliente com a qualidade e na velocidade que ele quer. Cuidado com a armadilha dos eventos estarem correndo, as informações estarem disponíveis, mas o fórum decisório não fluir na direção do resultado. Vamos falar mais sobre isso no capítulo 8.

Agindo: No capítulo 10, você terá um roteiro completo passo a passo para fazer seu projeto no Framework Scrum, mas já te adianto algumas coisas aqui que você não pode errar, quando fizer.

➤ Escolha bem o projeto-piloto. Não pode ser muito grande. Lembre-se que a função do piloto é fazer algo com bom controle que te gere aprendizado para um *rollout* futuro com potência e segurança com as lições aprendidas.

➤ Product Owner e Scrum Master: aposte muito no perfil que discutimos. Você não pode errar de jeito nenhum na escolha desses. Apesar de ser um time autogerenciável, esses dois papéis têm uma função de liderança fundamental.

➤ Não comece torto no piloto. Busque implantar o Framework completo: três papéis, cinco eventos e três artefatos. Lembre-se que é uma engrenagem, se um item estiver funcionando mal prejudicará os demais.

Capítulo 5

Caso de aplicação de como planejei e escrevi meu primeiro livro usando o Scrum

Como tenho falado aqui, a prática do Scrum pode funcionar para você como um modelo mental para intensificar e acelerar algum processo, seja na sua vida pessoal ou profissional. Já vimos os três grandes elementos do Framework Scrum (papéis, artefatos e eventos) e VOCÊ pode adaptar da melhor forma para sua utilidade. É como sempre digo, o melhor elemento de trabalho é aquele que te serve e ajuda no *seu* propósito. No capítulo 4, foi apresentado um exemplo de como aplicar o Framework Scrum em um projeto de grande escopo, em uma grande organização.

Todos nós temos sonhos pessoais que, ao longo do tempo, buscamos tirar do papel, tentando fazer um planejamento inicial para depois executá-lo. Comigo não foi diferente, entre muitos sonhos, sempre alimentei o de escrever um livro e, como tenho um lado racional e técnico bem desenvolvido, provavelmente não seria de ficção, mas sim sobre algum assunto que eu dominasse, que tivesse conhecimento genuíno para passar, que me proporcionasse um aprendizado de pesquisa e que fosse também, essencialmente, um apoio de reflexão para quem lesse, pois sempre tive uma *crença*, que um bom livro *é aquele que te desperta para uma autorreflexão e uma possível atitude de mudança*. Foi a partir dessa *crença* que iniciei o desenvolvimento desse sonho, que virou um projeto e depois se tornou realidade, um livro publicado e que aumentou ainda mais o meu propósito de aprendizagem contínua e de compartilhamento de conhecimento.

Mas para tornar esse sonho viável e executável em médio prazo, utilizei ferramentas ágeis para me organizar dentro de uma jornada de tempo que atendesse minha expectativa (naquele momento, muito alta), mas que também se encaixasse na minha rotina, que não poderia ser totalmente interrompida. Essa decisão de aderir às práticas ágeis nesse projeto pessoal foi em função da experiência que tive anteriormente de participar do projeto de grande porte descrito no capítulo 4. Fiz uma reflexão e internalizei que o aprendizado foi muito grande no sentido de:

➤ Organizar o tempo das pessoas;

➤ Focar no que realmente agregava para o cliente;

➤ Aumentar nossa curva de aprendizado em curto espaço de tempo.

Por meio desses aprendizados que tive no projeto ágil anterior, decidi colocar o desafio de utilizar o Scrum na estruturação e execução de meu primeiro livro.

Definindo a visão do produto

Lembra da crença que mencionei há pouco sobre o que seria um livro "bom" de se ler e quais seriam os propósitos que me levariam a escrever? Pois, então, a primeira coisa que fiz no "dia um" do projeto foi colocar essa crença e esse propósito no papel, para poder visualizá-los como um marco de início dessa jornada neste grande projeto. Pois, dessa forma, eu até entenderia melhor minhas percepções e quais os principais componentes desse produto final (o livro escrito e publicado). Para isso utilizei o que se chama de "declaração do elevador", ou declaração do produto, que faz a seguinte analogia: Imagine que VOCÊ tem que influenciar ou passar uma mensagem para alguém, em um curtíssimo espaço de tempo como uma viagem de elevador. Como o tempo é curto, para potencializarmos o entendimento da essência da mensagem, vamos então escrevê-la no seguinte formato:

Para **[cliente final]**,
que **[problema que precisa ser resolvido]**,
o **[nome do produto]**
é um **[categoria do produto]**
que **[benefícios-chave, razão para adquiri-lo]**.
Diferente de **[alternativa da concorrência]**,
nosso produto **[diferença-chave]**.

E numa visão simples, eu poderia mostrar para as pessoas, talvez alguns potenciais leitores, para ver se eles entendiam e concordavam se seria um "bom início" de construção de produto. Motivado com esse pensamento, montei a visão do produto na forma de um pôster. Na figura 5.1, temos o pôster desenhado, que possuía o texto sintetizando o propósito do projeto. Nessa primeira versão, além do texto surgiu a figura norteadora da "tríade" de conhecimento que me ajudaria a estruturar todo o conteúdo do livro.

Ver essa visão inicial do meu produto (o sonhado livro!) foi algo muito motivador para mim, despertando uma enorme energia e me dando um direcionamento de como fazer um planejamento inicial, com a leveza de que era um começo, o apertar do botão "iniciar" desse grande sonho. O próximo passo seria tentar estruturar essa visão de produto em partes que eu pudesse visualizar, melhorar e ver seu progresso contínuo.

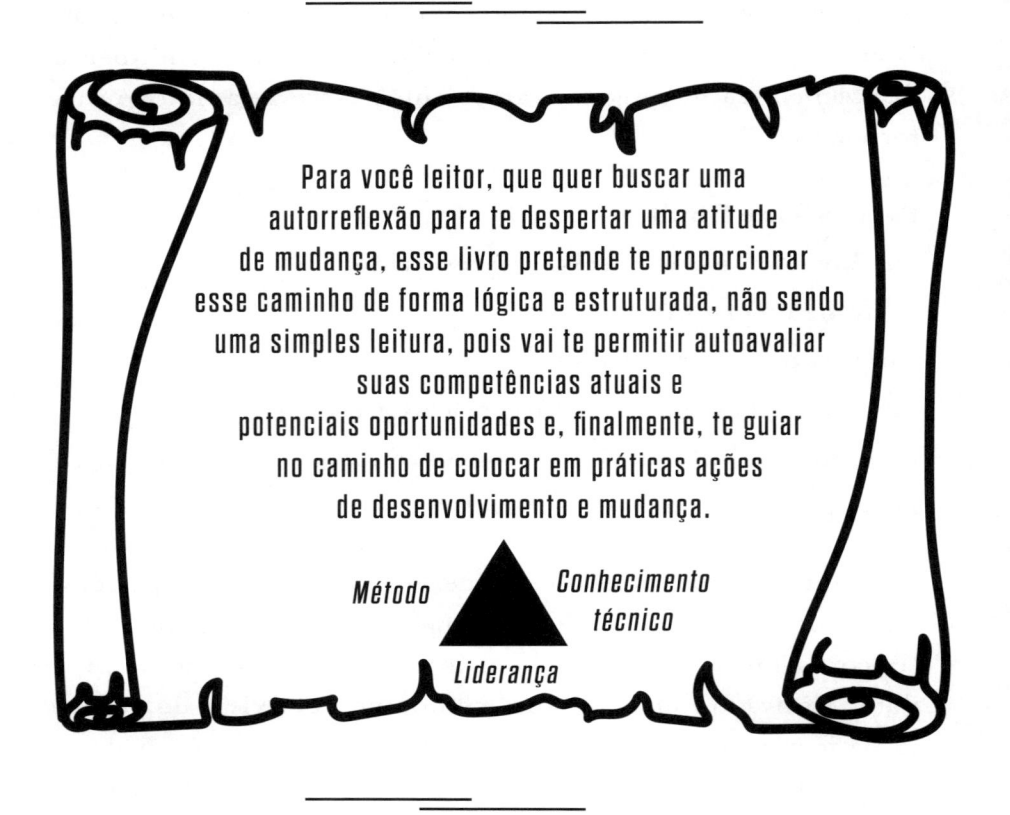

> Para você leitor, que quer buscar uma autorreflexão para te despertar uma atitude de mudança, esse livro pretende te proporcionar esse caminho de forma lógica e estruturada, não sendo uma simples leitura, pois vai te permitir autoavaliar suas competências atuais e potenciais oportunidades e, finalmente, te guiar no caminho de colocar em práticas ações de desenvolvimento e mudança.
>
> Método — Conhecimento técnico
> Liderança

Figura 5.1: Visão do produto do primeiro livro do autor

Definindo o Backlog do produto

O próximo passo após a visão do produto seria buscar ter um detalhamento um pouco melhor, afinal um livro não é algo tão simples, tem um conteúdo que deve ser consistente e detalhado numa forma sequencial (capítulos) que estimule o leitor de forma gradativa e gere uma evolução crescente e constante de compreensão ao longo da leitura. E os capítulos, como devem ser estruturados? Como já abordamos, o Scrum nos oferece elementos que nos auxiliam a trabalhar algo complexo, sem restringir sua evolução, mas também sem simplificá-lo demais. Dessa forma, para esse momento, montei o backlog do produto, que nada mais é do que uma lista priorizada dos itens básicos do que você quer construir, sendo que cada item seria uma parte que você considera importante do produto, podendo cada uma delas ser aperfeiçoada ao logo do desenvolvimento. Como se tratava de um livro, a primeira ideia básica de "partes" seria cada capítulo, em uma sequência coerente para o conteúdo geral, que de certa forma foi o que fiz inicialmente. Só que não eram só os capítulos, eu teria que pensar em um título e capas impactantes, no design, nas figuras e um dos principais e angustiantes itens que era como produzi-lo (estruturação e impressão).

Lembrando: um backlog do produto não deve ser uma mera lista de atividades e sim uma divisão de partes de seu produto que no fim compõe o todo. Nesse início, eu não tinha detalhado todos os capítulos, mas isso não me tirava o sono, pois sabia que quando começasse a escrever as ideias e conexões entre capítulos, e até o alinhamento natural do melhor título, viriam. E foi exatamente isso o que aconteceu. Houve inclusões de capítulos ao longo da escrita e a estrutura dos capítulos ganhou maturidade após os primeiros parágrafos, ou seja, um refinamento do backlog do produto ao longo do trabalho.

Neste ponto, no conceito do backlog de produto, é importante não ficar preso a um sequenciamento, apesar de isso fazer sentido para um livro, levando a pensar que o primeiro capítulo seria a introdução, mas afirmo para vocês que não foi dessa forma. Usei a visão do backlog do produto, iniciando pelo prioritário e, no meu caso, por dois ou três capítulos que considerava alicerces do tema, os quais, se eu os desenvolvesse bem, me ajudariam muito a traçar uma estratégia comum para os demais e também me traria mais segurança, pois esses capítulos priorizados seriam os que eu teria que detalhar mais estruturalmente, e eu poderia pedir feedback por capítulos para pessoas que conhecessem o assunto, potenciais leitores, que mesmo lendo só um capítulo me dariam valiosos feedbacks, principalmente em relação a forma e empatia de escrever (lembre-se, era meu primeiro livro). Na figura 5.2, é mostrado o backlog do produto do meu tão sonhado livro.

Backlog do Produto – Primeiro livro do autor

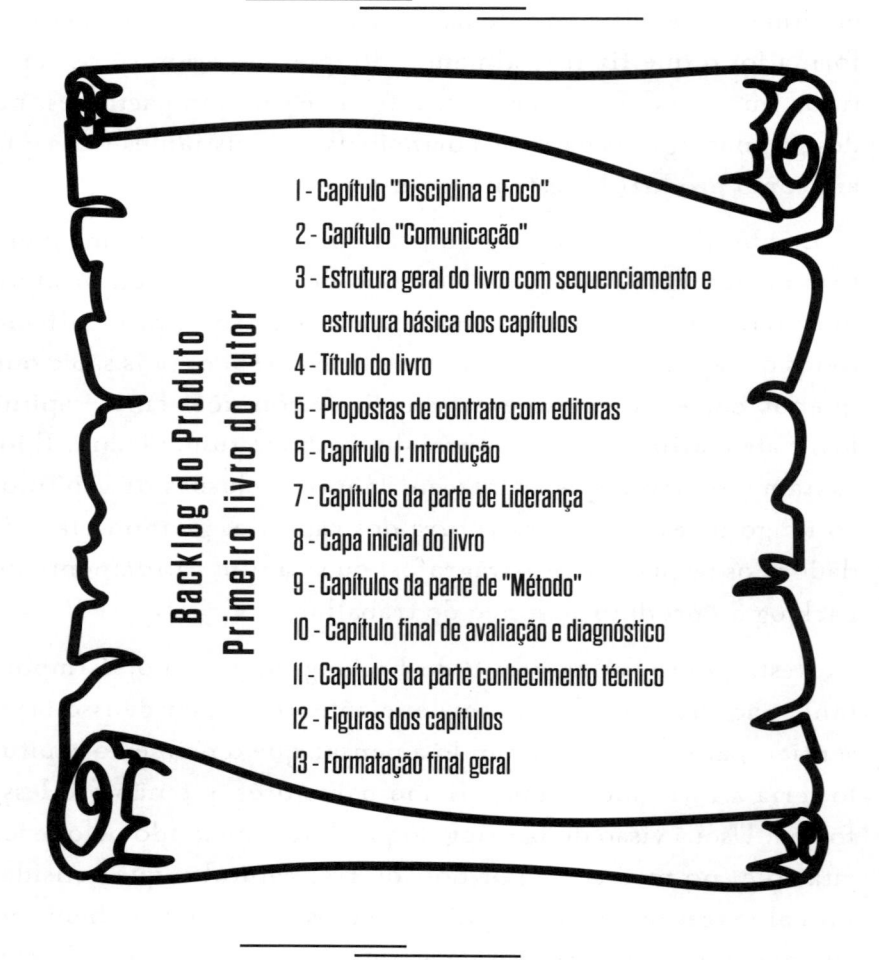

1 - Capítulo "Disciplina e Foco"
2 - Capítulo "Comunicação"
3 - Estrutura geral do livro com sequenciamento e estrutura básica dos capítulos
4 - Título do livro
5 - Propostas de contrato com editoras
6 - Capítulo I: Introdução
7 - Capítulos da parte de Liderança
8 - Capa inicial do livro
9 - Capítulos da parte de "Método"
10 - Capítulo final de avaliação e diagnóstico
11 - Capítulos da parte conhecimento técnico
12 - Figuras dos capítulos
13 - Formatação final geral

Figura 5.2: Backlog do produto – primeiro livro do autor

Veja que segui o conceito de fazer o que considerava os itens mais complexos e prioritários, que seriam os capítulos "Disciplina e foco" e "Comunicação", por serem temas centrais de liderança, um dos pilares do livro, e pela amplitude dos temas, gerando maior desafio no poder de síntese e assertividade na abordagem do assunto. Um ponto que também segui na questão do backlog de produto é que alguns dos itens da lista, em que todos são partes entregáveis do produto, não estão detalhados, por exemplo, quando escrevo "capítulos de liderança e método", nesse momento eu não tinha claro todos os capítulos das três partes fundamentais do livro (liderança, método e conhecimento técnico). Observe que o capítulo de introdução está no meio da lista, justamente porque conforme eu escrevesse os primeiros capítulos teria mais consistência e visão sistêmica para elaborar a introdução e não precisar revisar constantemente.

Importante citar que essa foi a versão inicial e que, ao longo do desenvolvimento, houve uma condução ágil com inversões de ordem e detalhamento maior dentro das Sprints já em andamento, como o desafiador item cinco, "propostas de contratos com editoras", que eu não fazia a mínima ideia no início de como executá-la. A possibilidade de excluir itens da lista inicial também pode ser considerada de acordo com o andamento do desenvolvimento. Esse é um ponto crítico de sucesso para seu projeto, garantir essa flexibilidade no seu backlog de produto manterá o seu projeto dinâmico e aberto a contribuições incrementais significativas, obviamente sem perder o foco no que o cliente quer receber no final.

Definindo as Sprints e mão na massa!

Com o backlog de produto na mão, me senti mais confiante imaginando e tentando enxergar as partes entregáveis. Comecei então a fase seguinte, elaboração de um pré-planejamento das Sprints considerando cada item do backlog de produto como uma Sprint, na qual neste prazo determinado o foco é entregar os itens da lista. Como neste projeto a equipe *era apenas eu* fazendo os três papéis – o P.O., o papel de Equipe de Desenvolvimento e Scrum Master –, comecei a esboçar a estrutura das Sprints. E por que é tão importante organizar o trabalho dessa forma, mesmo trabalhando sozinho? Por definição, a Sprint é um ciclo curto de trabalho em que você tem condições de fazer uma pequena parte de seu produto, permitindo fazer correções necessárias, interagindo com "o cliente". No meu caso, pretendia pedir a alguns amigos, potenciais leitores, para lerem os capítulos iniciais e me passarem um feedback. Existe uma frase ou premissa muito conhecida no universo do "Mundo Ágil" que é: se o erro é parte natural do processo de construção de um produto/resultado de sucesso, que se erre o quanto antes, para gerar aprendizado e façamos rápido a adaptação, para seguirmos em frente. Isso também é um princípio que abordo muito no meu livro anterior, *A tríade da competência*, no caso da resiliência, que é a capacidade de você se recobrar e se tornar mais forte após o impacto de algum revés, ou seja, a aprendizagem após um erro.

No caso das Sprints, quanto menor o ciclo de desenvolvimento de partes de seu produto, mais velocidade você terá em ter algo para validar e retroalimentar com mais vigor a continuidade dos demais passos.

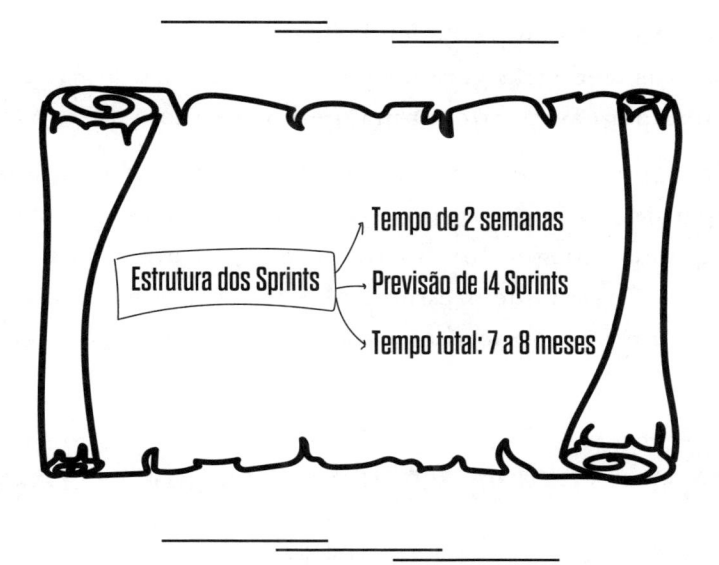

Estrutura dos Sprints
- Tempo de 2 semanas
- Previsão de 14 Sprints
- Tempo total: 7 a 8 meses

Figura 5.3: Estrutura de cada Sprint

Com esse desenho inicial de como estruturaria as Sprints e o tempo médio de cada um, pelo número de itens que haviam na lista inicial backlog do produto, consegui ter uma previsão do tempo estimado inicial para ter meu sonhado produto, o livro com todos os capítulos, capa, formatação e tudo a que tinha direito: de sete a oito meses. Lembro que fiquei confuso para saber se era muito ou pouco tempo para escrever um livro. No começo achei pouco por tender àquele velho pensamento de que algo bem-feito tem um longo tempo de execução, mas na verdade, ao longo do trabalho e execução das Sprints, entendi que tempo ideal tem relação com a intensidade e foco que você coloca naquilo que está fazendo, no tempo que você propôs (no meu caso, Sprints de duas semanas para cada item entregável do backlog do produto) e que qualidade está diretamente ligado a melhoria contínua que você faz no que está realizando, gerando aprendizado em cada "pedacinho" que errou e também em utilizar os feedbacks gerados pelos "especialistas" e clientes que consulta para avançar em uma melhor versão.

Na figura 5.4, está minha primeira versão do planejamento de Sprints. Foi muito interessante notar que ao colocar os prazos, quando cheguei na Sprint 6, me deu um nó na garganta, pensei.... "nossa que pressão!" Mas essa é a essência do planejamento, um norte inicial que você ajustará ao longo da jornada.

SPRINT	ITEM DO BACKLOG DO PRODUTO	SEMANA
Sprint 1	Capítulo Disciplina e Foco	1 e 2
Sprint 2	Capítulo Comunicação	3 e 4
Sprint 3	Estrutura geral do livro (sequência dos capítulos)	5 e 6
Sprint 4	Título do livro	7 e 8
Sprint 5	Propostas de contrato com editoras	9 e 10
Sprint 6	Capítulo 1: Introdução	11 e 12
Sprint 7	Capítulos da parte de Liderança	13 e 14
Sprint 8	Capa inicial do livro	15 e 16
Sprint 9	Capítulo PDCA	17 e 18
Sprint 10	Capítulo SDCA	19 e 20
Sprint 11	Capítulo final de avaliação e diagnóstico	21 e 22
Sprint 12	Capítulo Visão sistêmica	23 e 24
Sprint 13	Capítulo Atualização tecnológica	25 e 26
Sprint 14	Formatação final geral	27 e 28

Figura 5.4: Pré-planejamento das Sprints

A primeira Sprint: Montando o planejamento e a Sprint Backlog/Scrum Board

Comecei a trabalhar na Sprint 1: "Disciplina e Foco". Este primeiro capítulo foi marcante, busquei fazer exatamente como planejado na Sprint. Efetuei o planejamento da primeira Sprint, detalhando quais eram as partes divisíveis do primeiro item, que era um dos capítulos que eu considerava mais desafiadores. Nesse momento, montei algumas estruturas simples de controle (artefatos) que usei durante todo o projeto.

Montando o Scrum Board

Montei então o "Scrum Board", que na figura 5.5 é referente à Sprint 1. Ele é um quadro simples que, de preferência, você deve colocar em uma parede e preenchê-lo com *post-its* para tornar bem visual e convencer a você mesmo que nada está escrito na pedra! Tudo deve ser dinâmico, em prol da melhoria incremental do produto. É um quadro "vivo" que você deve manter o tempo todo atualizado com o status das tarefas, que são, na verdade, as decomposições ou "pedaços" do item que você está construindo na Sprint, que você pode dividir e depois juntar no final do ciclo. É sua bússola diária, que faz seu coração pulsar a cada movimentação de tarefa da coluna "sendo feito" para a coluna "feito". Segue um breve roteiro sequencial para você montar seu Scrum Board.

➤ Faça um esboço inicial dividindo em quatro colunas, como na figura 5.5, com tamanho visual que você consiga colar na parede ou em um local próximo onde você está executando as Sprints. A função de colocar na parede e utilizar *post-its* para atualizá-lo é justamente para ele não ficar preso em lugar algum e você poder até trocá-lo de lugar, se necessário.

➤ Identifique as colunas como "item selecionado", "partes a serem feitas", "sendo feito" e "feito".

➤ Cole *post-its* inicialmente na primeira coluna, escrevendo o nome do item que você desenvolverá na Sprint. Na segunda coluna, todas as tarefas ou "pedaços" que você fará e entregará ao final.

➤ Conforme você evolui na execução das tarefas, movimente-as da esquerda para a direita.

➤ As tarefas são finalizadas quando você mover todas para a última coluna ("feito"), lembrando que você deve fazer tudo dentro do seu tempo planejado. No meu caso, o *timebox* de cada Sprint era de duas semanas.

SCRUM BOARD SPRINT I

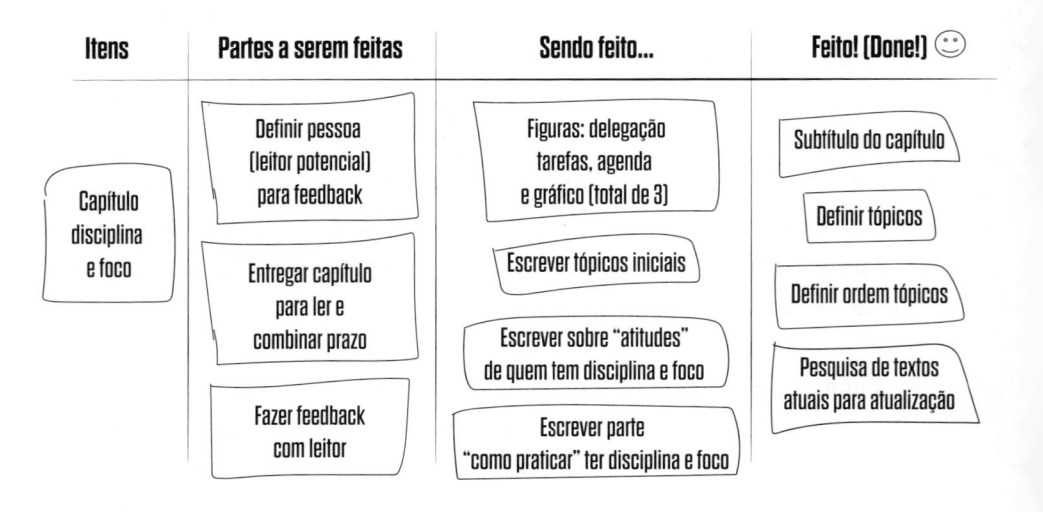

Itens	Partes a serem feitas	Sendo feito...	Feito! (Done!) ☺
Capítulo disciplina e foco	Definir pessoa (leitor potencial) para feedback	Figuras: delegação tarefas, agenda e gráfico (total de 3)	Subtítulo do capítulo
	Entregar capítulo para ler e combinar prazo	Escrever tópicos iniciais	Definir tópicos
	Fazer feedback com leitor	Escrever sobre "atitudes" de quem tem disciplina e foco	Definir ordem tópicos
		Escrever parte "como praticar" ter disciplina e foco	Pesquisa de textos atuais para atualização

Figura 5.5: Scrum Board da Sprint I

Montando o planejamento diário

O planejamento diário da sua Sprint em andamento é de extrema importância. No Framework Scrum clássico, como vimos no capítulo 4, existe a reunião diária, que tem duração de 15 minutos apenas, na qual a equipe revisa pontualmente o que foi feito no dia anterior e o que será feito naquele dia, ou seja, uma oportunidade diária de reflexão e correção de rota dentro do ciclo curto da Sprint. No caso do livro, que era um projeto pessoal conduzido quase que totalmente individualmente, de alguma forma busquei usar o "conceito" dessa reunião, um momento diário, em geral, às 7 horas da manhã, em que era a primeira coisa que eu fazia no meu dia, independente se eu não fosse trabalhar nele o dia todo ou não. Em geral, só trabalharia à noite, que era o tempo que me sobrava. Mas aquele era um ritual de grande significado e utilidade para mim, pois retroalimentava o meu propósito diariamente. Dessa forma, no decorrer de cada Sprint, com a ajuda da revisão diária, consegui me organizar e executar as atividades dos quatro importantes eventos que me servia de guia para não perder de vista o ritmo e o prazo de cada Sprint planejada.

> *Planejamento da Sprint* — todas as tarefas incluídas (partes) do item do backlog do produto a ser executado.

> *Execução* em si dentro do tempo planejado, que no meu caso era de duas semanas.

> *Revisão*, que seria avaliar o status do "incremento de produto", o que seria o resultado final de cada Sprint, mostrando o incremento para alguns amigos leitores. Nessa revisão, avaliava, por exemplo, os feedbacks de leitura e incorporava e modificava o que achava necessário.

> *Retrospectiva*, o último evento da Sprint, em que eu fazia uma reflexão não do produto, mas do *modus operandi* que eu havia trabalhado naquele ciclo. Essa reflexão é de extrema importância. Nesse caso, eu me autoinspecionava em relação a minha disciplina naquela Sprint, em especial no meu ritmo diário, se estava pulando alguns dias e estava acumulando tarefas, se os feedbacks estavam sendo suficientes, ou se necessitava envolver mais pessoas, para que eu conseguisse fazer uma boa inspeção e adaptação.

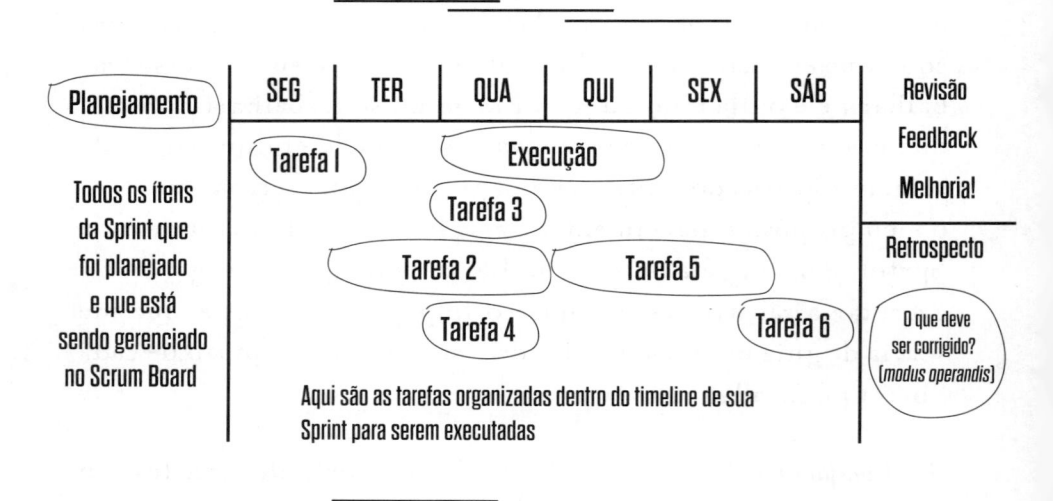

Figura 5.6: Estrutura das Sprints que podem ser estruturadas como marcos de reuniões

Execução e revisão da Sprint

A primeira Sprint foi um grande aprendizado para mim, pois pude ver o primeiro "incremento de produto pronto" que foi o capítulo "Disciplina e Foco". Um ponto importante que consegui definir nessa primeira Sprint foi uma visão mais clara do que eu consideraria um incremento de produto "pronto", aquele que você move em definitivo para a coluna "feito" (*done*, em inglês). No caso específico do primeiro capítulo escrito, que estrutura básica, quais tópicos essenciais os capítulos teriam e qual sua ordem de organização. Nesse ponto, o feedback dado pelos leitores convidados foi de extrema importância, pois era o ponto de vista de quem estava degustando uma parte do produto. Essa seria a etapa "Revisão", citada anteriormente, dentro da Sprint.

Feedbacks do leitor sobre o capítulo Disciplina e Foco

- Linguagem simples e de fácil compreensão.
- Gostei da parte que associa o perfil de um líder que tem essa característica desenvolvida.
- A parte de dicas práticas poderia tentar colocar numa ordem de importância, se fizer sentido.
- Na parte de agenda prioritária, poderia ter uma figura mostrando. Ficou difícil de imaginar.
- Como eu poderia avaliar meu desempenho nesta importante característica?

Inputs para o incremento do produto

- Manter linguagem que facilite autorreflexão do leitor
- Continuar com a estratégia de descrever "atitudes" de quem tem aquela característica desenvolvida
- Buscar priorizar as dicas em uma possível ordem de implantação
- Montar uma agenda de exemplo que facilite o leitor a montar a sua
- Pensar na possibilidade de fazer uma autoavaliação/diagnóstico de simples preenchimento que facilite o leitor a entender como ele está posicionado no desenvolvimento daquela característica

Figura 5.7: Feedback do leitor se incorpora ao incremento

A figura 5.7 mostra como o feedback dos leitores desse primeiro capítulo foi importante para melhorar a estrutura geral da primeira parte do produto e como foi decisivo para eu escrever com mais qualidade os demais capítulos. Essa é a essência da revisão de cada Sprint. E mostra sua vital importância na evolução de cada parte incremental do produto por Sprint e a consequente evolução de todo produto com a contribuição real de quem "conhece" ou é potencial consumidor. Essas valiosas contribuições vindas nos feedbacks ocorreram em todas as Sprints, o que me deu *continuamente a segurança* que eu estava no caminho certo, construindo um produto robusto, conectado com meu propósito inicial, direcionado a ser uma leitura útil e de autorreflexão para o leitor.

Gerenciando o todo do projeto: o gráfico Burndown

Conforme as Sprints acontecem e você constrói os incrementos (resultado de cada Sprint), é importante ter uma visão do todo do projeto, por exemplo em relação às entregas após algumas Sprints (que se traduzem em semanas de trabalho). Na figura 5.8, mostro o gráfico de "Burndown" que montei. Esse gráfico é bem interessante para gerenciar de forma dinâmica o andamento das suas Sprints de acordo com o planejamento feito inicialmente. Mas não fique neurótico com o planejamento inicial, pois planejar serve para você errar menos. Sobre o gráfico, você lista no eixo *y* o número de itens do backlog do produto que tem para fazer e no eixo *x*, a linha do tempo. No entanto, você começa ao contrário de um gráfico convencional, preenchendo no eixo *y*, no momento zero da escala de tempo, o número de itens totais que você tem planejado para fazer e conforme efetua cada um deles estará "queimando" as etapas até zerá-las (por isso o nome em inglês "Burndown"). Esse gráfico permite visualizar

Caso de aplicação

o progresso do trabalho executado pela equipe e a quantidade de trabalho por tempo que ainda falta para completar o projeto. Você pode fazer um Burndown dentro de uma Sprint, onde no eixo y colocará as tarefas a serem feitas nesta Sprint e no eixo x, o tempo de duração da Sprint, que no meu caso era de duas semanas. A atualização do Burndown nessa situação é diária, e isso facilita a tomada de decisão, assim podemos decidir melhorar o desempenho da equipe e/ou mitigar o risco de atrasos da tarefa. Você também pode fazer um gráfico de Burndown geral para gerenciar a entrega de todos os itens do seu backlog de produto, no eixo do tempo deverá constar o tempo total do projeto, como na figura 5.8, que tem o exemplo do meu livro.

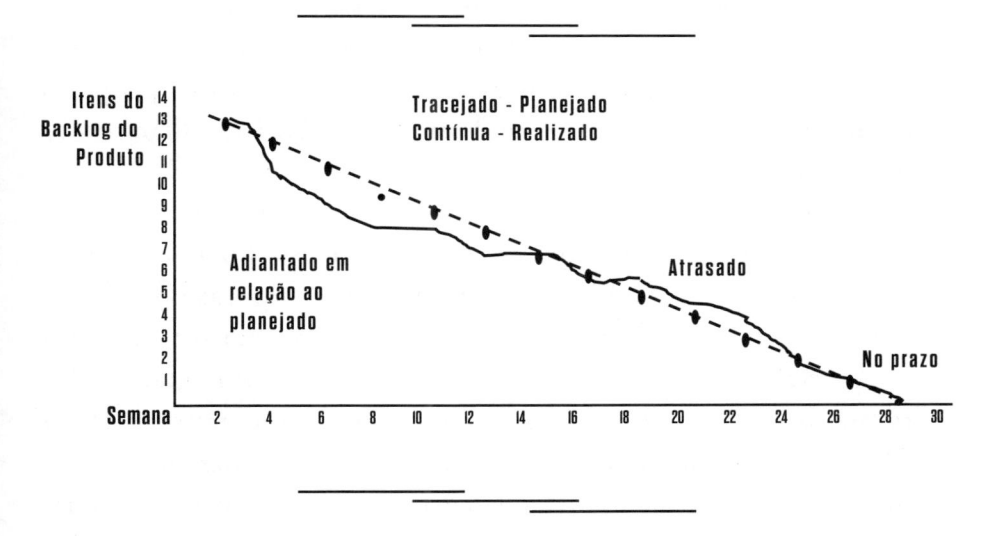

Figura 5.8: Gráfico Burndown dos itens do backlog do produto x tempo (semanas)

Esse gráfico me ajudou muito no replanejamento de cada Sprint de duas semanas. Como visto anteriormente, eu havia planejado 14 Sprints, e no início consegui um adiantamento no prazo, o que me deu uma certa euforia. Mas aqui vale a premissa que o tempo deve ser bem aproveitado. Para considerar algo adiantado, voltamos ao conceito que abordamos antes de item/incremento *do produto "pronto"* ou "feito" (*done*), que pode ser adicionado perfeitamente aos demais itens, sem muito retrabalho futuro. Pode-se perceber que ao longo do tempo houve semanas sem evolução, o que gerou certo atraso, mas o importante era que eu tinha visão clara do ritmo de andamento e que esse gerenciamento pelo gráfico Burndown me ajudou a priorizar melhor o tempo sem abrir mão da qualidade de cada item entregável.

Ingredientes extras: fé e coragem

Um dos momentos mais desafiadores nesta jornada ágil de produzir o livro foi a Sprint 5: *Propostas de contrato com editoras*. Isso pelo fato de ser a parte que menos dependia do meu esforço próprio, como escrever e estruturar um bom conteúdo. Era, além disso, buscar alternativas de como produzir o livro e distribuí-lo no mercado, um negócio que eu tinha zero conhecimento e nenhum contato próximo ao meio editorial. Dessa forma, essa etapa gerava um grande frio na barriga, por ter muitas dúvidas de como planejar e executar. Então, nessa Sprint, considero que o seu planejamento, elaborando o Scrum Board com detalhes das tarefas que necessitava fazer, foi de extrema importância. Como não sabia exatamente como seguir, nessa Sprint incorporei "especialistas" para me ajudarem, fato comum nos projetos ágeis, ou seja, contar com recursos específicos, direcionados ao assunto em andamento na Sprint. Na verdade, o que fiz foi bem simples, primeiro consultei um colega professor que havia lançado seu livro recentemente. Tive várias conversas com ele, o que foi muito importante, pois para ele o desafio de publicar um livro também havia sido uma jornada nova, que ele não conhecia, e conversar com ele foi uma forma de acelerar o aprendizado com alguém que tinha acabado de seguir este passo, ou seja, buscar lições aprendidas de outros projetos, tomando a precaução de entender as diferenças de escopo e objetivos. Essa interação foi muito útil, pois abriu portas para outras pessoas do ramo, como editores, gráficas, designers, o que me ajudou a fazer um melhor planejamento dessa desafiadora Sprint. Na figura 5.9, temos o Scrum Board do que tinha planejado para fazer, lembrando que o produto final era nada menos desafiador que "Editora definida para produzir o livro". Nesse caso poderiam ocorrer duas situações que, apesar de estarem numa linha tênue, eram caminhos bem diferentes: escolher uma editora no modelo de autopublicação, em que na verdade eu teria que arcar com a maior parte dos custos, ou ser "escolhido" por uma editora, ou seja, ter o conteúdo aceito por alguma editora que decidisse investir no meu projeto.

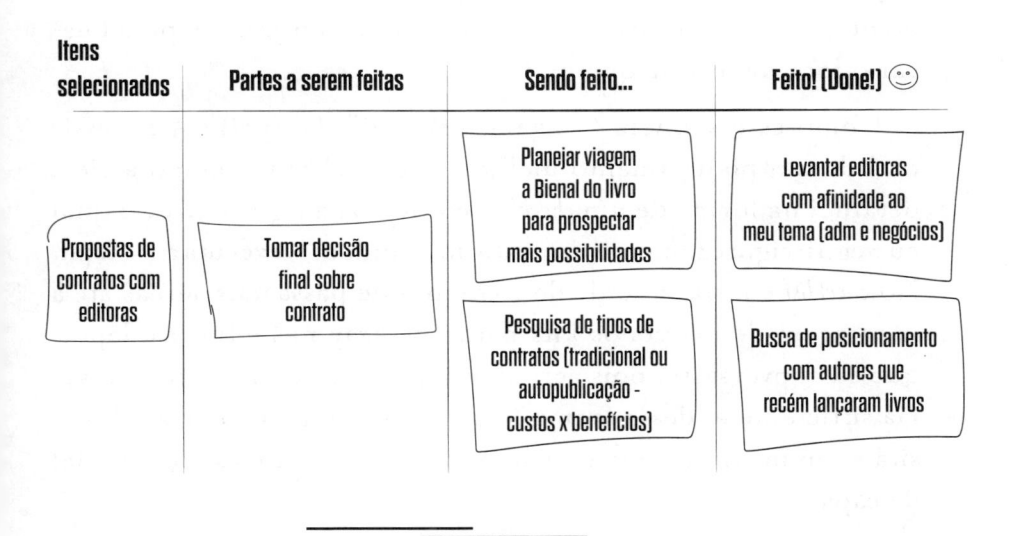

Itens selecionados	Partes a serem feitas	Sendo feito...	Feito! (Done!) ☺
Propostas de contratos com editoras	Tomar decisão final sobre contrato	Planejar viagem a Bienal do livro para prospectar mais possibilidades	Levantar editoras com afinidade ao meu tema (adm e negócios)
		Pesquisa de tipos de contratos (tradicional ou autopublicação - custos x benefícios)	Busca de posicionamento com autores que recém lançaram livros

Figura 5.9: Scrum Board da Sprint "Propostas de contrato com editoras"

Nesse momento veio um ponto decisivo nesta etapa. Na segunda semana que eu havia planejado a Sprint seria realizada uma Bienal do livro de expressão no País. Imaginei que seria uma ótima oportunidade de fazer contato com potenciais editoras, já que era um evento específico da área. Porém, ao consultar algumas pessoas que eu vinha mantendo contato, elas me desencorajaram a ir à Bienal com o objetivo de buscar editoras para produzir o livro, pois na Bienal o foco era outro, muito mais comercial, de venda de livros, do que de oportunidade para conversar/negociar sobre edição de livros. Mesmo com a indicação contrária dessas pessoas que entendiam mais do negócio editorial, decidi ir ao evento para fazer *networking* e buscar possíveis parceiros, e também para buscar mais opiniões sobre essa trilha, para mim ainda desconhecida, da publicação. Aqui ressalto os ingredientes citados no subtítulo, tive coragem de desafiar a opinião de pessoas com mais conhecimento do tema e fé para ir a um evento de grande proporção sem ter noção clara do quanto de atenção teria do meio editorial presente, para buscar o foco da minha Sprint.

Como esse subitem "viagem à Bienal" da Sprint 5 necessitava de um planejamento melhor, dediquei mais tempo a ele e detalhei na forma de um *checklist*, conforme a figura 5.10, o qual eu segui rigorosamente e muito me ajudou a executar a etapa. No *checklist* constava desde de a compra de passagens aéreas até a montagem de pequenos kits para entregar nas editoras depois que eu conversasse, pois acreditava que só falar do livro não seria suficiente e, dessa forma, elaborei um kit com cartão de visita e um minirresumo do conteúdo, além de um esboço inicial da capa.

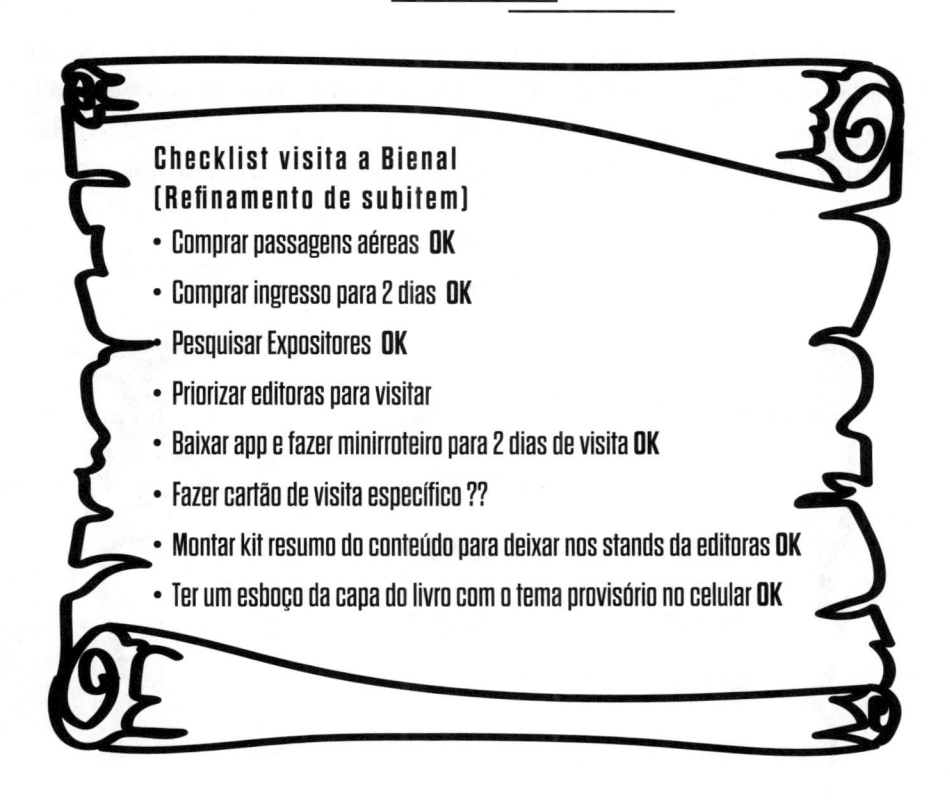

Checklist visita a Bienal (Refinamento de subitem)
- Comprar passagens aéreas OK
- Comprar ingresso para 2 dias OK
- Pesquisar Expositores OK
- Priorizar editoras para visitar
- Baixar app e fazer minirroteiro para 2 dias de visita OK
- Fazer cartão de visita específico ??
- Montar kit resumo do conteúdo para deixar nos stands da editoras OK
- Ter um esboço da capa do livro com o tema provisório no celular OK

*Figura 5.10: **Checklist** detalhado de uma das tarefas da Sprint "Proposta de contrato com editoras"*

Foram dois dias intensos de quilômetros de caminhada naqueles pavilhões lotados, visitei mais de oitenta stands e realmente alguns não me ofereceram nem um contato editorial, mas as nossas chances de sucesso sempre têm relação com matemática, quanto mais se tenta a tendência é aumentar suas chances de convergir ao seu objetivo. E foi exatamente o que aconteceu, um verdadeiro funil, pois de todos os stands que visitei só consegui contato em 50% deles com alguém da parte editorial, dos quais uns 40% aceitaram que eu enviasse meu conteúdo, e para os que enviei houve uma resposta positiva, que acabou sendo meu caminho final para editoração e publicação do livro. Se não tivesse ido ao evento, provavelmente não teria chegado a essa opção final. Nesta Sprint, destaco a importância da experimentação: teste as possibilidades, *não descarte hipóteses* sem avaliar criteriosamente e, se tiver dúvidas, busque mais informações e vá a campo *testar*.

Lista das editoras		
Editora	Modelo	Viável?
~~Editora 1~~	~~Autopublicação~~	~~Não~~
~~Editora 2~~	~~Contrato~~	~~Não~~
~~Editora 3~~	~~Contrato~~	~~Não~~
~~Editora 4~~	~~Autopublicação~~	~~Não~~
...	...	...
Editora 37	**Contrato**	**Sim**
~~Editora 38~~	~~Autopublicação~~	~~Não~~

FÉ E CORAGEM!!

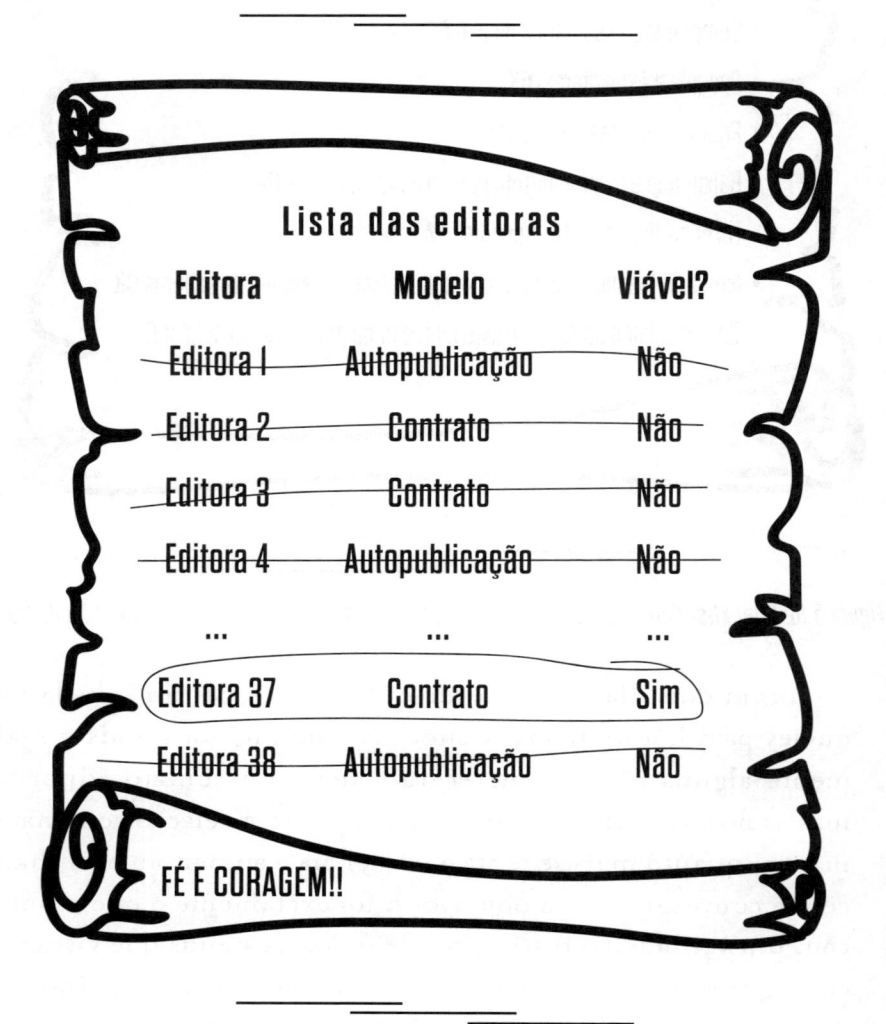

Figura 5.11: Lista da fé e coragem

A Sprint final e a grande contribuição do "cliente", o leitor

Quero reforçar aqui a importância de que, como nesse caso era um projeto "solo" e não tinha estruturado uma equipe com os tradicionais papéis de Scrum Master, Product Owner e Equipe de Desenvolvimento — de certa forma, eu executava todos esses papéis —, foi muito importante interagir com a opinião dos colaboradores externos (o que chamamos de especialistas), como as pessoas que pedi para lerem os capítulos, as quais eu escolhia criteriosamente de acordo com tema específico do capítulo. Esses feedbacks seriam a parte da revisão de cada capítulo escrito, mas também obtive feedbacks importantíssimos durante a Sprint da "Capa do livro" e "Título do livro", por exemplo, dois momentos em que fiz uma espécie de enquete com as pessoas que já haviam lido o livro sobre três possíveis títulos que havia selecionado e quatro rascunhos de capa que eu tinha feito, sem muita técnica e habilidade, mas com figuras e imagens que fizessem sentido para o conteúdo e esses leitores saberiam me ajudar na escolha. Ou seja, mesmo sem estar o tempo todo juntos, eu tinha conceitualmente minha Equipe de Desenvolvimento que, com sua base de conhecimento, muito me ajudou.

Mas nenhuma Sprint foi tão colaborativa quanto a última, que eu deixei para o *gran finale*, um refinamento do produto que na verdade seria útil para todos os capítulos, os *checklists* de diagnóstico de cada capítulo, que eu sempre elaborava no fim de cada um. Era um *checklist* simples de dez perguntas elaboradas para avaliar o leitor em relação ao tema daquele capítulo e para que ele tivesse uma noção de como estaria posicionado frente àquela determinada competência. Apesar dos leitores colaboradores terem lido os *checklists* com os capítulos e tivesse o feedback deles, eu queria fazer algo mais "em massa", que me desse uma visão mais clara se esse diagnóstico rápido de perguntas geraria uma reflexão de

Questões avaliadoras - Resiliência	Sim	Não
1. Atualmente, no seu dia a dia, quando algo sai fora do seu planejamento, vários imprevistos surgem, você consegue administrar bem seu emocional e seguir em frente?		X
2. Atuar sob certa pressão, te dá mais motivação e "adrenalina" para pensar e buscar a solução dos problemas e atingir o resultado?		X
3. Confiança e autoestima: Atualmente, nos últimos desafios que enfrentou, você considera que sua confiança em que teria êxito neste desafio era satisfatória?	X	
4. Você costuma com frequência "sofrer" por antecipação em possíveis situações futuras de problema?	X	
5. Você consegue se manter bem-humorado e positivo na maior parte do tempo, em especial, em dias um pouco mais tensos?	X	
6. Nos seus principais projetos, sejam profissionais ou pessoais, você consegue ter claro continuamente seu propósito, seu grande objetivo que busca naquele projeto?	X	
7. Tem o hábito frequente de tentar buscar algum tipo de aprendizado/lado bom de algo que fez que saiu errado, do seu controle?	X	
8. Atualmente, se você fosse anotar em um papel, todos os seus pensamentos durante um dia inteiro, eles seriam mais positivos do que negativos?	X	
9. Você considera que atualmente "os pilares" de sua vida (saúde, profissional, família, social) estão em um equilíbrio que podemos chamar de saudável?		X
10. Você se considera uma pessoa tranquila, que não guarda rancor das pessoas? (Seja sincero com você mesmo na resposta!)		X
Nota Final	6	4

*Figura 5.12: Exemplo de **checklist** diagnóstico utilizado no refinamento*

impacto em quem estava lendo. Pois bem, fui a campo para buscar uma oportunidade de fazer um teste de impacto dos *checklists* dos capítulos com um público maior e que tivesse aderência ao perfil para quem eu estava escrevendo. Dessa forma, duas semanas antes do prazo que eu tinha acordado para entregar o conteúdo final para a editora, fui a um congresso de estudantes de engenharia, com um público de mais de setecentas pessoas, a maior parte finalizando o curso ou recém-formada. Seria o público perfeito, eu conhecia o organizador, me ofereci para ser palestrante e ele, muito parceiro, me encaixou na programação. Dei uma palestra relacionada ao tema do livro e, no dia seguinte, fiquei em um dos stands oferecendo mentoria sobre os temas abordados e tive a oportunidade de aplicar os *checklists* em mais de sessenta pessoas, que foram meus grandes validadores desse incremento do produto, e os feedback foram muito positivos. Mas o mais importante foi perceber a reação de reflexão deles durante o preenchimento do diagnóstico. Isso me deu uma grande certeza de que eu estava no caminho certo, fechando a última Sprint de forma especial. Na figura 5.12, o *checklist* do capítulo 5 do livro, Resiliência, preenchido por um dos alunos.

Refinando o produto com a editora, e ele está pronto!

A entrega do conteúdo para a editora foi marcante, pois a essa altura, com contrato assinado, eles também eram o cliente e passaram a ser o Product Owner. E eu passei a ser parte da Equipe de Desenvolvimento, no que diz respeito ao acabamento final, design e capa, além de revisão de português e estrutura de todos os capítulos. A relação foi muito boa com algumas Sprints curtas como revisão em conjunto do texto, detalhamento dos textos de contracapa e design final de capa. Foi um momento de refinamento do produto final muito importante, contando com uma equipe já experiente.

Focando e agindo

Focando:

> O mais importante que considero neste capítulo é: se eu não tivesse utilizado o Scrum na estruturação e execução do projeto do livro, haveria uma chance alta que eu não o tivesse terminado.

> Trabalhar um projeto pessoal com o Scrum é muito possível e te ajuda a renovar diariamente seu propósito e organizar sua disciplina individual. Pelo menos foi essa a experiência de aprendizado que tive.

> Nesse projeto individual, como eu não tinha uma "equipe de desenvolvimento", foi fundamental ter uma cadeia de ajuda (o que chamei de "especialistas"), como vários potenciais leitores que solicitei a leitura de capítulos, alguns profissionais que me auxiliaram a entender o mundo editorial, para que não faltasse apoio técnico na tomada de determinadas decisões.

Agindo:

Acho que você já sabe o que vou te perguntar.

Você considera viável implantar algum projeto pessoal seu utilizando o Scrum? Liste aqui pelo menos dois temas que estão guardados contigo e que gostaria de colocar em prática. Vá pensando nessa viabilidade até o capítulo 10, quando você receberá o roteiro, e decida!

Projeto1:

_____

_____

_____

Projeto 2:

_____

_____

_____

Capítulo 6

Aplicação ampla do ágil: Um universo de oportunidades e sua conexão com o Lean Manufacturing

Este é um capítulo curto, complementar ao 4 e 5, nos quais foram apresentados exemplos de dois projetos bem distintos em que o Framework Scrum foi aplicado, sendo o primeiro de um escopo complexo, em que a entrega era um "sistema" que beneficiaria toda a área de operações de uma grande organização, envolvendo diretamente no projeto mais de quarenta pessoas, e o ponto sensível era a quantidade de integrantes, no sentido de mobilizar esse grande grupo para convergir em tão pouco tempo em uma entrega tão complexa. Já o segundo projeto foi um exemplo pessoal, no qual eu apliquei integralmente o Scrum para produzir meu primeiro livro, com um escopo mais simples e centrando na minha pessoa. Olhando sob essa ótica "parece" ser mais fácil, mas, ao mesmo tempo, todo o risco fica centrado em um só ponto: a disciplina individual e sua capacidade de execução (no caso, a minha).

O que acontece com o tempo no projeto Scrum? Ele estica?

Ainda comentando os casos apresentados nos capítulos 4 e 5, chamo atenção para o fato de, mesmo com escopos bem diferentes do uso inicial das práticas ágeis do Scrum, ambos deram certo, o Framework Scrum funcionou, entregando nas duas situações o Backlog do produto de forma satisfatória ao cliente, em um tempo surpreendentemente melhor que o esperado. Ou seja, de fato o Framework Scrum funciona não apenas para projetos da área de tecnologia, pois, como vimos, o Framework não trabalha com itens técnicos, mas sim com os papéis, eventos e artefatos, que, bem engrenados, garantem os três pilares fundamentais do Scrum – transparência, inspeção e adaptação. Tem-se até a impressão de que a escala do tempo se transformou, esticou-se, mas, na verdade, o fenômeno que acontece é que essa intensidade e sincronia de trabalho reduz drasticamente *vilões comuns de projetos complexos, independentes de qualquer área*, os quais na melhoria contínua chamamos dos desperdícios que não agregam valor ao produto final que o cliente almeja, mas sugam o tempo do time de projeto, desviando do foco principal, no caso o Backlog do produto.

Avaliando melhor esse conceito de desperdício para explicar um pouco da eficácia da abordagem ágil

Não é *o ponto central abordado no conteúdo deste livro*, mas é impossível falar de desperdício sem citar o modelo Toyota de produção, um dos pioneiros em trabalhar processos mais enxutos, focados apenas em itens que o cliente valoriza (que "pague" mais, podemos dizer também). E mais tarde, na década de 1980, um grupo de profissionais do MIT (Instituto Tecnológico de Massachusetts) liderou uma grande pesquisa que aprofundou essas técnicas utilizadas pela indústria japonesa e difundiu mundialmente os princípios da Manufatura Enxuta ou Lean Manufacturing, com alguns conceitos bem centrados (os princípios Lean) que foram disseminados em praticamente *todas as áreas de negócios existentes*. O ponto aqui é que os princípios Lean, já disseminados há pelo menos três décadas, presentes nas diversas áreas de manufatura e serviços, também tiveram influência direta na abordagem ágil. Para deixar mais clara essa relação, listo na sequência os cinco princípios da "Filosofia Lean".

1. *Identifique valor na sua cadeia produtiva*: Ou seja, especifique ao máximo o que é valor para o cliente, em relação a um produto ou serviço. Saber se agrega valor para o cliente é saber se literalmente ele pagaria a mais pelo item que você quer agregar. Caso a resposta seja negativa, pode-se dizer que é um desperdício ter esse item no produto e, se já existir, temos que trabalhar para eliminá-lo, pois não agregará valor.

2. *Mapeie as etapas do fluxo de valor*: Faça uma análise em todo fluxo de materiais e informações que contemplam o processo de criação de seu produto ou serviço, desde a matéria-prima inicial até chegar na mão do consumidor final. O nome já diz, será um *mapa* para você analisar e identificar todos os tipos de desperdícios (o item 1, lembra?). Na sequência, esse mapeamento te ajudará a buscar alternativas diferenciadas para permanecer no processo somente etapas que agregam valor para o cliente.

3. *Não interrompa o processo. Crie um fluxo contínuo:* Otimize o fluxo do seu produto ou serviço, realizando as tarefas que agregam valor, sem haver interrupção (tempo é precioso), diminuindo o tempo que o produto intermediário (aquele que ainda não está pronto) fica parado entre atividades, para, assim, agilizar a produção e reduzir custos.

4. *Estabeleça uma produção no ritmo que o cliente quer:* O cliente é quem dirá *o que*, *o quanto* e *quando* precisa. Vamos trabalhar com um estoque reduzido, o que beneficiará a qualidade do que está sendo fabricado, evitando etapas ou atividades desnecessárias (por exemplo, armazenagem). Aplicando esse conceito em relação às equipes, os gestores e colaboradores do time terão foco nas tarefas corretas, no momento certo, eliminando desperdício de tempo e esforço das pessoas.

5. *Busque a melhoria contínua:* Aperfeiçoe o seu processo e seu produto e surpreenda o cliente. Na filosofia Lean, significa melhorias incrementais. Em um local onde existe a visão da melhoria contínua instituída, todos trabalham para identificar novas oportunidades.

Abordagem ágil e os princípios do Lean Manufacturing

Se avaliarmos com mais detalhes, observaremos que a abordagem ágil, incluindo o Framework Scrum, tem um grande ponto comum com a visão do Lean Manufacturing (já amplamente utilizado em vários negócios), que é eliminar desperdícios ao longo do projeto, focando no que realmente é valor para o cliente. Dessa forma, esse ponto nos faz amadurecer mais a ideia que o Framework Scrum tem muita adaptação para ser usado em outros modelos de negócios, não apenas no mundo dos softwares. Na sequência, detalho mais alguns aspectos da Filosofia Lean, para entendermos melhor essa interface com o Scrum e te passar a visão que o Scrum também tem uma ampla aplicação.

Foco no desperdício

Quando pensamos nas interações de curto prazo, que são as Sprints e os eventos que temos dentro dele, o grande objetivo é estabelecer um fluxo rápido de inspeção e adaptação, para não haver desperdício de tarefas e tempo fazendo algo que não será valorizado pelo cliente, e isso é genuinamente reduzir desperdício. O Framework Scrum te fornece uma ótima cadência para isso acontecer (planejamento, reunião diária e Sprint Review).

Aprendizado rápido, compartilhamento de conhecimento e respeito pelo conhecimento das pessoas

Um ponto importante do *Lean* é a valorização do conhecimento das pessoas, fala-se inclusive em oitavo desperdício, que *é não aproveitar a criatividade e o conhecimento das pessoas*. O conceito do *Lean* é termos conhecimento compartilhado entre as equipes em que são promovidos os grupos de *Kaizen* para se prover pequenas melhorias, usando o potencial de conhecimento e ação coletiva das pessoas. Se avaliarmos o que já vimos no Scrum, durante as Sprints, no desenvolvimento do incremento, as pessoas interagem todo o tempo, compartilhando informações e buscando se ajudar em pequenas cadeias dentro do time de desenvolvimento. Dessa forma, o conhecimento aumenta dentro do time.

Entregas rápidas e incrementais

Quando falamos de melhoria contínua no *Lean*, nos referimos a pequenas evoluções incrementais que se agregam a algo já existente, trazendo um novo benefício, que é enxergado pelos participantes e, possivelmente, pelo cliente. Fazendo nova analogia às Sprints, que têm curto tempo de duração, nessas interações rápidas, o trabalho é feito de forma a agregar o máximo de valor ao cliente (que é uma melhoria). A velocidade de entrega agregando valor ao cliente é um ponto importante da Filosofia Lean, o que chamamos de *lead time*, que compreende o tempo total de processamento do produto, do início ao fim do processo. No Lean aplica-se o conceito que, se você tem um *lead time* curto e pouco estoque, você enxerga mais rápido o defeito, ou seja, aquilo que não agrega valor ao cliente.

A cada evento a equipe sai mais fortalecida

Voltando à visão Lean, o estímulo constante e a melhoria contínua em grupo e individual estimulam um potencial crescimento das pessoas, aumentando sua satisfação pelo resultado alcançado e autoestima, sendo percebido por todos, inclusive pelo gestor. E retornando aos eventos do Scrum, como a reunião diária, a revisão da Sprint e a reunião de retrospectiva são momentos de inspeção que estimulam a constante adaptação, o processo de melhoria contínua com foco no cliente, mas que também favorecem muito o fortalecimento da equipe, praticando cada vez mais os valores do Scrum, respeito, coragem e foco.

Visão de otimização e sinergia

Por fim, tanto na visão Lean quanto no Scrum, trabalha-se a potência de sinergia de tarefas por meio do trabalho em equipe, de forma colaborativa, empoderando as pessoas a aprender cada vez mais.

O objetivo aqui foi fazer esse rápido paralelo entre o Lean Manufacturing, filosofia amplamente difundida nos mais diversos seguimentos, e as práticas ágeis, em especial o Framework Scrum, mostrando alguns pontos convergentes, em relação ao que é priorizado e valorizado nos dois "lados". Bom ponto a se pensar em ampliar cada vez mais a potência do Scrum em áreas onde já se aplica a Filosofia Lean.

Focando e agindo

Focando:

> O princípio de redução de desperdício, para agregar mais valor ao cliente e fazer entregas mais rápidas (e certas), é objetivo comum do Lean Manufacturing e do Framework Scrum.

> A valorização da relação entre as pessoas e o aumento da sua curva de aprendizado também são pontos prioritários para o Lean e o Scrum, buscando pontos comuns como transparência, respeito entre as pessoas, melhoria contínua e adaptação às mudanças.

Agindo: Se você já é conhecedor e entusiasta do Lean, proponho fazer uma reflexão sobre áreas que você já viu sua aplicação e se seria possível utilizar o Scrum para novos projetos nessas áreas.

Parte 3

AÇÃO! APLICANDO E VIRANDO CULTURA

Do capítulo 7 ao 9, falaremos do processo de como a prática ágil se torna cultura e as características de se ter um *mindset* ágil. Será abordado também os desafios da transição para uma cultura ágil. No capítulo 9, discutiremos o perfil do líder ágil.

Capítulo 7

Criando o modelo mental, mindset ágil

O significado do termo "modelo mental" é algo importante para resgatarmos aqui. Criar um modelo mental a respeito de algo é ter um salto significativo entre o que você conhece sobre um tema e o que de fato você conseguiu absorver como sua forma natural de agir, com a prática intensa do conhecimento desse referido tema. Na prática, ter um modelo mental ágil de pensar e agir, seria você ter práticas ágeis incorporadas ao seu modo de reagir naturalmente a algum estímulo, pois já se tornou seu jeito habitual de atuar.

Quando falamos de *mindset*, segundo Daniel Goleman, autor do livro *Inteligência emocional*, seria a forma como vemos o mundo e os fatos, por meio de um modelo mental que é suportado por importantes pilares, que são:

> **Biológico:** Refere-se à capacidade de interpretação, tendo como base as limitações fisiológicas, que são próprias de cada um. As limitações fisiológicas interferem no nosso modo de agir, diferenciando-nos dos demais.

> **Linguagem:** Diz respeito ao meio, a maneira como cada um de nós entendemos e transmitimos as informações, influenciando diretamente em nossa forma de se comunicar com o ambiente externo.

> **Cultura:** Os grupos com os quais convivemos e interagimos ao longo de nossas vidas, como nossa família, amigos, organizações em que nos inserimos, cidade onde nascemos e vivemos, afetando-nos diretamente pela educação e pelos costumes culturais.

> **Experiência Pessoal:** Nossa maneira de pensar é moldada por nossas experiências, assim como fatores significativos, tais como raça, sexo, condição social, entre outros.

É importante iniciarmos este capítulo com essa abordagem, para deixar claro que é impossível falar em criação de *mindset*/modelo mental sem levar em consideração as características individuais, experiências vividas e influência do ambiente que nos cerca. O *mindset* é formado por tudo que está acontecendo a sua volta. Por esse motivo, suas atitudes e ações mudam ao longo da vida.

A construção do modelo mental ágil passa pela cultura de aprendizagem contínua e crescimento

Um ponto que podemos deixar cristalino é que o conceito de aprender continuamente, fomentar o aprendizado da equipe, em especial por meio da experimentação, é fundamental para se ter um *mindset* ágil. A oportunidade de ter treinamentos como *input* de conhecimento/*background* relevantes também é importante, mas a experiência de vivenciar situações desafiadoras e aprender com os erros, com os resultados do seu dia a dia é a grande escola; é voltar mais forte para a batalha a cada dia, aumentando seu foco e sua capacidade de realização.

Não posso deixar de citar aqui Carol Dweck, autora do livro *Mindset: a nova psicologia do sucesso*. Dweck aborda nossa capacidade de experimentar e construir competências ao longo de nossas vidas, em que podemos e devemos programar nosso esforço para aprender cada vez mais, independente do grau de inteligência que nos é atribuído, ou melhor, "rotulado". A autora completa que mesmo que os indivíduos demonstrem diferentes níveis de talentos, aptidões iniciais, interesses ou temperamento, todos nós temos a capacidade de se modelar e se desenvolver por meio do esforço e da experiência do aprendizado contínuo.

É possível SIM colocar foco em crescimento, acreditando que é possível desenvolver continuamente as habilidades desejadas, estabelecendo uma busca positiva e involuntária pelo aprendizado, que tornará sua curva sempre crescente nessa "missão" de aprender sempre. Esse seria o que a autora classifica como *mindset* de crescimento, o grande caminho para a aprendizagem contínua.

E o oposto disso seria o *"mindset" fixo*, no qual o indivíduo acredita que aptidões e inteligência são pouco flexíveis, como se nossas limitações fossem definidas quando nascemos. Quem tem esse comportamento, gasta sua energia defendendo aquela "posição" de pessoa inteligente e dona da razão, deixando passar muitas oportunidades de novos aprendizados. Veja na figura 7.1 como essa ótica de se pensar sob esses dois pontos de vistas de *mindset*, o fixo e o de crescimento, muda completamente a perspectiva de como enfrentar os desafios de sua vida.

Fazendo uma breve correlação do que estamos tratando aqui, de *mindset* ágil, no qual queremos nos adaptar e aprender rapidamente com as situações adversas e transformá-las em oportunidades, acelerando nossos resultados e de nossa equipe, isso se encaixa ao modelo de *"mindset* de crescimento" abordado por Carol Dweck; portanto, as atitudes descritas no quadro relativo a esse *Mindset* (crescimento) devem ser trabalhadas intensamente pelo líder que quer desenvolver um modelo mental ágil de atuar.

MINDSET FIXO
- Culpa os outros por suas dificuldades
- Adora o fácil
- Defende que teve "falta de sorte"
- Se incomoda com o bem-sucedido
- O dinheiro é fim
- Inconsistente nos seus objetivos

MINDSET DE CRESCIMENTO
- Autorresponsabilidade
- Aceita desafios que a maioria não quer
- Acha que recebeu o que de fato era merecido
- Fracasso como oportunidade
- Se inspira com o bem-sucedido
- Dinheiro vem por consequência
- Objetivo bem definido

Figura 7.1: Comparando atitudes: **Mindset** fixo x **Mindset** de crescimento

Quem não tem meta não tem objetivo e nem propósito

Ter metas claras e bem definidas é fundamental para direcionar o seu norte verdadeiro e o de sua equipe, pois se elas não existem, eu te pergunto: como você e seu time aprenderão a se auto--organizar, planejar e, principalmente, aprender a errar, corrigir e melhorar? Por isso, afirmo que ter metas que te guiem ao resultado desejado é essencial para a existência de um *mindset* ágil. É através das metas que o foco se aprimora e o aprendizado essencial acontece. O que estou dizendo é que ter meta é ter uma referência do caminho que está seguindo, a fim de rapidamente perceber se está desviando do "curso". E como já abordamos nos capítulos anteriores, os modelos ágeis (em especial o Scrum) têm ciclos curtos de desenvolvimento, as nossas já conhecidas

Sprints, e um dos motivos para eles serem assim é criar a possibilidade de errar cedo e poder corrigir o quanto antes. Dentro das Sprints, as metas são fundamentais para proporcionar essa visão de certo ou errado em relação à entrega correta do produto. Esse processo corretivo deve acontecer o quanto antes, para você e seu time aprenderem mais cedo também. Porém, é necessário entender que todo erro deve ser uma oportunidade de melhoria e não uma sessão de apontamento de dedo. Aprender com os erros, que devem ser norteados pela comparação com a meta traçada, é crucial para um *mindset* ágil.

Fazendo referência direta da importância de se ter uma meta e como isso está diretamente ligado ao *mindset* ágil, quando revisitamos *O guia Scrum*, já citado anteriormente, mantido e atualizado por Ken Schwaber e Jeff Sutherland, encontramos a meta do produto, que é o grande norte para o planejamento e a execução, sendo um objetivo de longo prazo, que pode ser até modificado de acordo com o direcionamento do Product Owner (também já visto aqui).

Além disso, as metas não podem ser definitivas. É preciso reavaliá-las para checar se ainda refletem o resultado esperado por clientes e stakeholders. Meta que não garante objetivos e resultados de forma atualizada não tem serventia, é apenas uma ilusão que te fará desperdiçar seu precioso tempo e o de seu time.

Mindset ágil, como perceber se ele existe? O que avaliar?

Abordo esta questão da percepção, pois estamos falando de um *mindset*, um conjunto de crenças desenvolvidas ao longo de um tempo e que se transforma no "jeito" de uma pessoa ou de um grupo/equipe reagir e trabalhar para buscar seus resultados. Então, tentarei descrever a seguir com base no que já vivenciei dos projetos ágeis que participei e interagi, mas, principalmente, orientado por diversas entrevistas que realizei ao longo da composição deste conteúdo com pessoas com experiência em trabalhar por anos em projetos ágeis e que já se veem com essa influência de um modelo mental ágil. O que escrevo na sequência é uma convergência de características percebidas em um grupo que tem um *mindset* ágil na sua forma de atuar/trabalhar. Não há nesse caso uma ordem de importância dessas características, mas imagine que são os ingredientes do *mindset* ágil que se misturam e se potencializam entre si.

Características percebidas em um time que tem um **mindset** ágil desenvolvido

O espírito de colaboração é percebido como um grande alicerce

Trata-se de ter a plena consciência de que com todo esse aumento de complexidade das relações de estruturas de negócios, o indivíduo sozinho não consegue manter toda a informação necessária para seguir com uma missão ou tarefa. Dessa forma, fica claro que o trabalho colaborativo com os demais membros do time e com outras partes da empresa otimizará o tempo para buscar informações. Conforme essa interação colaborativa aumenta, os próprios times se organizam para estarem mais juntos, ajustando layouts físicos, fóruns comuns para decisões que afetam várias equipes ao mesmo tempo e momentos com foco para discussões colaborativas.

Respeito mútuo entre as pessoas e os pontos de vista

Com a visão colaborativa mais instituída, naturalmente se favorece um clima de respeito numa amplitude maior do que em outros ambientes convencionais. O direito da opinião individual passa a ser algo naturalmente praticado, pois o grupo passa a ter um conceito ao bem-estar coletivo acentuado, e o direito de ser ouvido é a porta de entrada para isso. A partir desse respeito pelos colegas em todas as posições da empresa, também se fortalece o respeito coletivo pelo cliente e pelo próprio produto, o que ajuda muito na performance com prazos e qualidade das entregas.

O grupo é obcecado em melhoria contínua: Melhorar o ciclo sempre

O time trabalha com a visão de que nada, nenhum processo, está escrito na pedra. O ambiente colaborativo e o respeito mútuo contribuem para esse ambiente de melhoria contínua, pois novas ideias, do time e principalmente do cliente (ou do Product Owner), sempre serão atentamente avaliadas. Essa flexibilidade positiva de visão incremental perene do produto é uma dinamite de energia para o time, que vibra com novas possibilidades, sem aquele incômodo de que o prazo poderá ser ultrapassado. Essa visão contínua de melhoria conecta ao grande objetivo de uma equipe ágil, que é entregar valor ao cliente, o que movimenta todo o grupo em se concentrar no que é de maior valor naquele momento, envolvendo outras pessoas da organização, se for necessário, para ajudar a remover quaisquer impedimentos, ou seja, uma legítima cadeia de ajuda.

Figura 7.2: Características do **mindset** ágil

Onde há melhoria contínua há um constante ciclo de aprendizagem

De que vale uma melhoria se ela não gerar aprendizado para quem foi protagonista no processo? Numa equipe com o *mindset* ágil desenvolvido há um combinado, uma permissão clara, para que as pessoas tentem algo novo e que possam falhar, mas que seja para dar aos membros da equipe a oportunidade de aprenderem e se desenvolverem. Nesse grupo as pessoas não são pressionadas por seus erros, mas sim apoiadas se tiverem que assumir riscos para aumentar o conhecimento do grupo como um todo.

E junto a esse ciclo de aprendizagem contínua também se percebe um modo interativo de *compartilhamento* de conhecimento o tempo todo, seja com o núcleo mais restrito (por exemplo, o time Scrum) ou entre outros fóruns interfuncionais. Essa troca constante facilita a fluência de informação necessária para tomada de decisões importantes no dia, que viabiliza o ganho incremental do que está sendo construído. Pense no contrário: não há nada mais desgastante e que não agregue valor do que a perda de tempo em buscar informações relevantes para se trabalhar ou o próprio processo de convencer alguém a compartilhá-la, gerando desconforto entre as partes e quebrando um ciclo ágil de tomada de decisão. Quem não tem informação fica paralisado na nuvem da incerteza. O compartilhamento aberto de informações certamente é uma característica de um time ágil, que proporciona um perene canal de atualização, vivência de novas experiências e consequente adaptação a tudo novo que se forma ao redor. Se isso não ocorre de forma natural, o grupo tem dificuldades de se atualizar e manter um ritmo competitivo de acompanhamento das mudanças culturais e tecnológicas, que é estrategicamente importante para a vida e a carreira de qualquer um de nós.

Capacidade de adaptação à mudança é diferenciada

Essa é uma característica naturalmente percebida em um time ágil, e de extremo valor nesse mundo V.U.C.A. em que cada vez mais nos vemos inseridos. Essa adaptabilidade não acontece sem um propósito, tudo ocorre para atender a necessidade de ajuste para entregar o melhor ao cliente. As demais características citadas, como respeito mútuo na equipe, foco na melhoria contínua, contribuem para uma curva natural de adaptabilidade. Lembrando que a adaptação que aqui abordamos é a capacidade de se reestruturar para sair na frente, sempre com um viés de competitividade, entender rápido a necessidade atual e se auto-organizar de forma a viabilizar uma resposta imediata . Não uma reatividade passiva de sobrevivência, que todos nós já tivemos. Definitivamente NÃO é isso, essa adaptabilidade é proativa, com foco em sair na frente dos demais concorrentes.

Resumindo, não há uma fórmula, mas há um conjunto de caraterísticas a se desenvolver

Por tudo que falamos aqui, conseguimos ter uma visão mais sistêmica do que seria ter um *mindset* ágil. Vamos tentar uma macrodefinição? Sem considerar algo totalmente inalterável, podermos dizer que *seriam algumas atitudes praticadas sistematicamente por um grupo que contribui para sustentar um ambiente onde prevalece os princípios de respeito mútuo, colaboração em prol de um propósito comum, com foco em melhoria contínua, provendo constantes ciclos de aprendizagem. Esse ambiente fértil aqui descrito também desperta "orgulho de pertencimento", ou seja, quem participa tem orgulho de estar "dentro'. Esse ambiente fortalece o foco na entrega de valor, que torna um compromisso intransponível, aumentando a capacidade de adaptação desse time à mudança necessária a esta entrega de valor.* Considero esse *mindset* ágil a base para semear e construir equipes de alta performance, que, por sua vez, proporcionarão um valor imenso a seus clientes.

Se esse *mindset* for cultivado, será um ambiente no qual as equipes ágeis nascerão e gerarão bons frutos. Isso não significa que o que descrevi acima é um pré-requisito para se adotar as ferramentas ágeis. Mas se esse *mindset* for cultivado e adubado durante a transição para ferramentas/práticas ágeis, as equipes, e por consequência a organização, colherão resultados diferenciados, com colaboradores felizes entregando grande valor e deixando os clientes mais que satisfeitos com os resultados.

Focando e agindo

Focando:

> Lembre-se, uma meta clara que direciona e canaliza os esforços sempre será necessária em qualquer projeto, é uma premissa básica.

> Quando estiver lidando com um grupo diverso, nunca se esqueça dos pilares de inteligência emocional citados por Daniel Goleman: *biológico, linguagem, cultura e experiência pessoal*. Antes de formarem um grupo, são indivíduos.

> Temos que buscar constantemente o comportamento do "lado direito" da figura 7.1: *mindset* de crescimento.

Agindo:

Faça uma breve avaliação. Em relação ao time de trabalho que você está inserido hoje, ele possui as características citadas na seção 7.3.1? Não se preocupe, é apenas um termômetro para você treinar sua percepção.

> *Espírito de colaboração é um alicerce do time.*

> *Constante respeito mútuo entre as pessoas e os pontos de vista.*

> *O grupo pratica intensamente a melhoria contínua.*

> *O aprendizado contínuo do time é percebido.*

> *Lidam bem com mudanças.*

Capítulo 8

A transição ágil e os cuidados que se deve tomar

Neste capítulo, usaremos a abordagem inversa do capítulo 7, no qual falamos das características que uma organização ou um time adquire quando consegue desenvolver um *mindset* ágil. Apontaremos a seguir os cuidados que se deve ter nessa transição de modelo mental de trabalho, para não entrar na falsa sensação de estarmos seguindo o rumo certo para um modo de trabalho mais incremental no sentido de atender as necessidades dos clientes, cada vez mais mutável e evolutiva, e, na verdade, ainda estarmos com os velhos vícios de uma cultura do passado.

Desenvolver um modelo mental NÃO é executar uma receita

Pense rápido no que vou te perguntar. Quantas vezes você já respondeu que tem conhecimento de algum tema, com base no que você estudou sobre aquilo ou devido a um título que você tem, como um certificado, mas que nunca praticou realmente? Dizer "eu sei" e ter a vivência do "eu pratiquei, errei e aprendi" são duas opções bem diferentes.

Quando falamos em culturas organizacionais, movimentos de gestão conhecidos mundialmente como o Lean Manufacturing, Six Sigma e os modelos ágeis, muitas empresas tentam usar essas práticas no modo *"control c – control v"*, ou seja, literalmente copiá-los, sem levar em consideração justamente os pilares que falei sobre inteligência emocional das pessoas que compõem a organização. Se o processo de construir um *mindset* individual já é complexo, imagine construir um modelo mental de trabalho praticado por toda uma empresa composta por pessoas com vivências e culturas diferentes. Hoje em dia, empresas que querem crescer entendem que existe uma forte interdependência entre o crescimento individual das pessoas e o crescimento orgânico da organização, ou seja, não dá para mandar fazer e esperar que a execução seja natural, sem questionamentos e, principalmente, acreditar que o resultado virá exatamente como se planejou, do jeito que "o consultor" falou. Portanto, se queremos realmente criar um modelo mental de algo que consideramos importante, tem que ser na base de muita *experimentação*, o que proporcionará um aprendizado individual nos participantes, que, uma vez envolvidos nesse propósito coletivo de aprendizagem, ajudarão a criar o *mindset* vencedor de operar da organização.

Quem faz as mudanças são as pessoas e elas precisam ser treinadas e preparadas

Aqui volto ao capítulo 2, em que cito a visão do autor Simon Sinek, que aborda a importância sobre comunicar o porquê das mudanças gerarem significado e propósito individual para as pessoas, promovendo mais potência para entenderem melhor a necessidade dessas mudanças. Diria que existe basicamente uma sequência de perguntas que podemos fazer para direcionar as pessoas para um determinado propósito. Sobre essas mudanças, é importante serem dadas respostas para as seguintes perguntas:

➤ Por que essa mudança será feita? Qual será o benefício?

➤ O que isso me afeta diretamente?

➤ Que opção tenho em relação a essa mudança?

> Para onde essa mudança nos levará no curto e médio prazos?

As pessoas aderem às mudanças quando têm informação do "porquê" e se sentem valorizadas. E treinamento está incluído nessa estratégia, de criar propósito, pois conhecimento gera potência e facilidade de conexão. Neste caso específico, de implantar as práticas ágeis na organização, é fundamental programar treinamento para os times envolvidos e também para a alta administração. Ele deve incluir fundamentos do conhecimento das práticas ágeis, além de abordar qual "dor" vamos abrandar ou eliminar, por exemplo, prazo de entrega dos projetos, taxa de sucesso frente ao cliente. Enfim, deve oferecer uma visão clara de benefício e que tenha métrica, possa ser medido. Além disso, qualquer treinamento que seja desenvolvido deve também passar informações da estratégia de implantação, pois conhecimento novo, algo desconhecido, se não vier junto de uma clara estratégia de implantação, pode gerar uma grande instabilidade, causando um *gap* de conexão entre absorver o conhecimento e enxergar a sua aplicação.

Pontos de atenção na transição do ágil

Começar grande ou pequeno?

Esse é um ponto de *trade-off* importante a se observar, pois se por um lado há uma pressão de resultado rápido e substancial dos principais projetos e metas da organização, há também a questão do risco em fazer uma grande movimentação inicial, mexendo com várias áreas da companhia (mas que na sequência terá que acontecer) e provocar um furacão de incertezas e desconfianças que não sustente o patrocínio para as coisas realmente acontecerem como deveriam. Dessa forma, não sendo uma fórmula unicamente correta, o ideal é começar com um escopo piloto de projeto, que seja considerado importante e que, se gerar o resultado desejado (lembre-se das métricas, deixe claro o que você entregará a mais do que o "modelo atual") dará visibilidade e sustentação para expansão.

Um escopo inicial menor proporciona uma melhor condição de avaliar o desempenho e o quanto as pessoas estão absorvendo a mudança. No caso do Framework Scrum, observe os exemplos apresentados (capítulo 5, por exemplo), a intensidade e a velocidade de como tudo acontece, Sprints, inspeções, feedback do cliente e adaptações. Imagine tudo isso iniciando em um escopo muito amplo na companhia, talvez se perca o principal objetivo de uma primeira experiência em um processo de mudança: avaliar claramente o resultado *x* impacto nas pessoas da organização.

O Scrum Frankstein: se começou com um piloto, faça certo e completo

Conforme abordei extensamente nos capítulos 2 e 3, sobre o Framework Scrum ter três papéis, cinco eventos e três artefatos, ele permite e deve ser utilizado fazendo adaptações para sua realidade. Mas deturpar totalmente o conceito essencial dos elementos, ou suprimir alguns, é uma luz amarela que se acende, colocando em risco o sucesso do piloto. Vamos ser mais específicos para melhor entendimento.

> ➤ **Em relação aos papéis e o tempo de dedicação:** Imagine escolher um Product Owner (P.O.) sem muita experiência no negócio ou acumulando função (não fazendo só o projeto). Ou um Scrum Master que tenha dificuldades de relacionamento ou conheça pouco das práticas ágeis, mas foi escolhido por ser a opção "disponível". Ou em relação aos demais membros do time, alguns serem *part-time* ou, frequentemente, ao longo dos dias abandonarem o grupo para fazer outras tarefas sem

relação com o projeto. Qualquer uma dessas ocorrências gera um grande impacto na "engrenagem". Não ter as pessoas com disponibilidade e habilidades necessárias ao trabalho dificulta praticar alguns dos valores básicos do Scrum, como foco, respeito e compromisso.

> **Em relação aos eventos e artefatos:** Uma das grandes propostas do Framework Scrum é dar velocidade na inspeção do que está sendo feito, gerando condição rápida da adaptação necessária para cada vez mais se refinar o incremento do produto (lembre-se, erre rápido para corrigir rápido); e os eventos, a Sprint, a reunião de planejamento, reuniões diárias, Sprint Review e a retrospectiva são fundamentais para direcionar essa conexão de inspeção e adaptação. Imagine agora se começam a falhar as reuniões diárias ou alguns membros não aparecem, se não há nessas reuniões a gestão à vista atualizada ou a reunião de planejamento não é bem-feita, sem ter claramente a Sprint Backlog para começar, ou se na reunião de Sprint Review não há um consenso final de validação. Ou seja, o "pela metade" não funciona, pois os eventos são conectados com o compromisso das pessoas e uma gestão assertiva no ciclo certo dará a velocidade do ágil. É um sistema que não funcionará se uma das engrenagens travar.

Por outro lado, seu compromisso deve ser em primeiro lugar com o resultado, e não só com a utilização correta das ferramentas

É importante ter cuidado para não ficar refém do "culto" às práticas ágeis, principalmente em relação aos reais papéis dentro do grupo. O fato das reuniões estarem acontecendo não significa que a entrega da Sprint Backlog e, consequente, do backlog do produto, esteja garantida. É preciso certificar, por exemplo, se o Scrum Master está de fato cumprindo seu papel, removendo os impedimentos externos e internos para o grupo fluir com a execução do trabalho, ou seja, ele não pode ser somente aquele que garante que as reuniões aconteçam (um "cerimonialista"). Por outro lado, o P.O. tem que trazer de fato o peso do desejo do cliente, tem que se incomodar com o que está saindo fora do trilho, tem que ser o primeiro a sinalizar isso e não dar um "ok" de validado e ver o que vai dar na frente. Importante entender esses exemplos. O como fazer, a reunião, a validação. As pessoas que têm esses papéis devem garantir "o que" está sendo feito.

A hierarquia soberana: "Vamos ser ágeis, mas lembrem-se que quem decide no fim sou eu"

A grande essência para dar certo tem muita relação com a prática genuína dos valores ágeis (*compromisso, foco, respeito, coragem e abertura*), que tendem a se desenvolver no grupo, pautados na autonomia que será cultivada no trabalho, sendo que a maior parte das decisões são compartilhadas com foco na entrega de valor para o cliente. Se ao longo desse processo natural de trabalho começam a ocorrer intervenções arbitrárias, que desviem o grupo do foco da Sprint, que gerem divergência no time e, principalmente, se houver o papel do Scrum Master e ele não tiver autoridade para manter o interesse e o foco do grupo, intervindo em decisões arbitrárias de hierarquia, há de fato um grande risco, pois se, com frequência, a autonomia e o foco na entrega (backlog do produto) se enfraquecem, aos poucos, os valores do Scrum praticados pelo time serão corrompidos. O líder que não respeita essa autonomia realmente não está disposto a fazer essa transição para o ágil. Lembre-se, um líder é um "CPF" que representa a organização, mas para dar certo no "CNPJ", a transformação tem que ocorrer primeiro no "CPF" do líder. Parece trocadilho, mas é assim que funciona. E, por fim, a grande mensagem aqui é que para se tornar ágil, tem que se mudar o modo de operar, de cima para baixo, aprimorando sempre "o que" está se fazendo. O modelo ágil tem que chegar na estratégia, e não só no "como", se o "como" muda cada vez que muda a liderança, a transformação ágil realmente não ocorreu.

Cole post-its na parede e forme pessoas

Durante o processo de implementação das práticas ágeis, cuidado para não abusar das facilidades da tecnologia no início do processo, como os programas que gerenciam completamente as tarefas e que tiram a oportunidade de você ter a democrática e acolhedora gestão à vista que estimula as pessoas a pensarem juntas. É claro que hoje em dia existem muitas situações relacionadas a trabalho a distância e *home office*, que geram a necessidade e contingência de usar artefatos digitais, por sinal existem ótimos programas para tal, mas lembre-se que ágil combina com simples, interativo e empírico, então se for possível, primeiro comece colando *post-its* na parede, depois insira mais tecnologia.

Outro ponto importante, em qualquer implantação que traz um desafio de incorporar um novo conhecimento e, principalmente, um novo modo de operar e agir na organização pode fazer parte da estratégia inicial, ter profissionais, como consultores, que ajudem a acelerar essa curva de implantação, que certamente ajudarão no planejamento e cadência inicial da curva de transformação. Mas o que de fato transformará a sua organização são as próprias pessoas que lá estão. Dessa forma, é vital formar pessoas, desenvolver suas competências técnicas e de liderança. Formar pessoas cada vez melhores, confiantes e felizes também faz parte da essência ágil. Não deixe o consultor "se aposentar" na sua empresa.

Não vicie em só fazer rápido, mas sim em fazer certo para o cliente

Em um projeto ágil, se você está fazendo o mínimo certo, mantendo atualizado seu escopo de produto, utilizando realmente o feedback que o cliente vem te fornecendo, para melhorias incrementais no seu produto e depois ele te retorna confirmando que está de fato ficando melhor, isso vale muito mais do que um cronograma "verde", com as tarefas atendidas. Se concentrar no que está funcionando é o essencial, fazer rápido algo que não se tem certeza que está certo (se de fato será útil para quem usará) não adianta nada!

Que tal definir no seu projeto o conceito de M.V.P.?

Um conceito que ajuda muito a não fazer uma grande parte do seu trabalho de maneira errada é o conceito de M.V.P. (*minimum viable product,* em inglês), o mínimo produto viável, cujo significado, seria a versão de um produto que permite que quem está fazendo o projeto possa coletar, com o mínimo esforço, o máximo de informações sobre como seus clientes reagiram àquela versão, sendo possível validar a hipótese de continuar ou não naquela linha de pensamento para o produto. A figura 8.1 nos dá uma visão melhor dos riscos mitigados quando se trabalha com o conceito de M.V.P.

> ➤ Gastar um longo tempo e esforço produzindo algo que você não teve feedback e descobre que não serve para o cliente.

> ➤ Fazer um alto investimento sem a certeza que está agregando valor para o cliente.

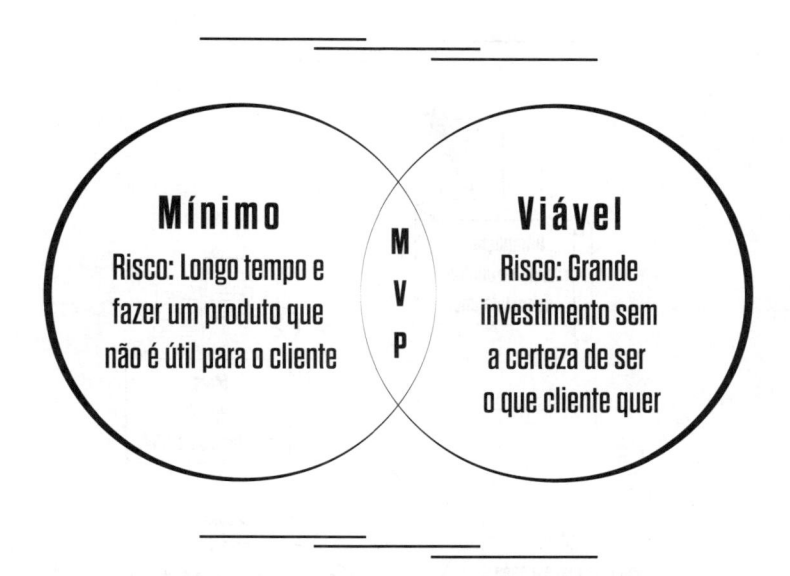

```
        Mínimo                        Viável
                        M
   Risco: Longo tempo e  V    Risco: Grande
   fazer um produto que  P    investimento sem
   não é útil para o cliente  a certeza de ser
                              o que cliente quer
```

Figura 8.1: Ilustração da visão de M.V.P.

É claro que há casos em que não há essa necessidade de se fazer um M.V.P., por exemplo, se um projeto em que o escopo já foi feito outras vezes, sem ter uma clareza inicial do que o cliente realmente quer.

Vamos voltar ao exemplo da produção do meu primeiro livro, que abordei no capítulo 5, com a seguinte pergunta: qual foi o M.V.P. que usei para mostrar ao cliente e buscar um feedback, continuar com a melhoria incremental, até chegar ao produto final?

Na figura 8.2, é demonstrado um exemplo de como foi o processo de construção do meu primeiro livro, onde o M.V.P. inicial foi o capítulo central do livro, da parte de liderança, que eu pedi para vários leitores potenciais fazerem a leitura e me darem o feedback sobre o conteúdo e estrutura. Esse interesse (ou não) do leitor ler a parte inicial do livro foi fundamental para seguir com mais convicção nas fases seguintes, adicionando título, capa, mais capítulos, até chegar a versão completa do livro.

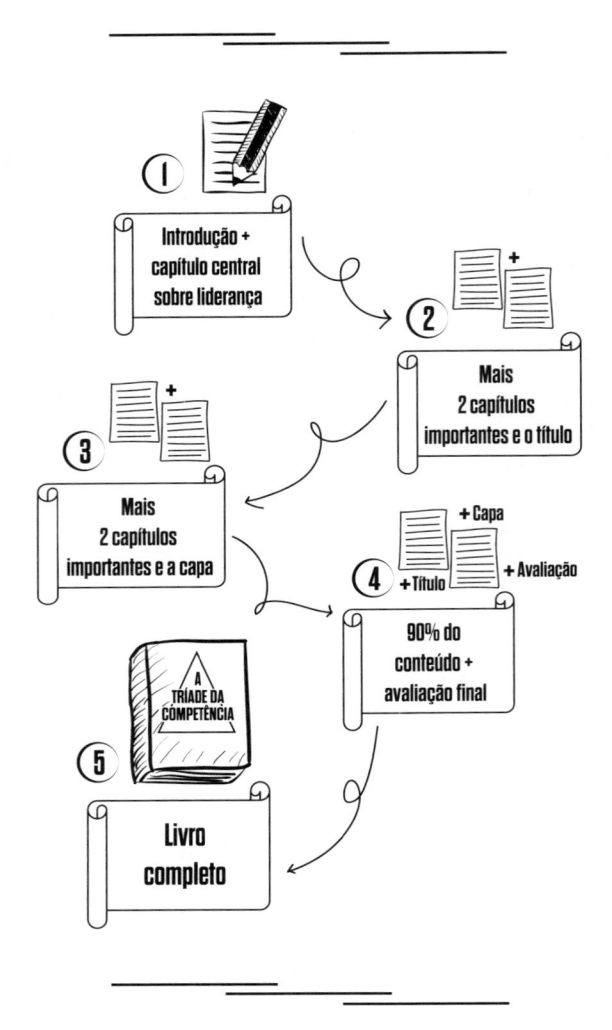

Figura 8.2: M.V.P. exemplo da construção de um livro

Enfim, sinal de alerta ligado todo o tempo

A intenção neste capítulo foi dar uma visão geral nos *pontos de atenção* na implantação das práticas ágeis. Os erros mais comuns estão ligados a pontos como estrutura adequada, apoio da liderança e falta de definição clara das melhorias que se quer de fato buscar. Se a decisão foi tomada no sentido de adotar as práticas ágeis, como o Framework Scrum, para dar agilidade ao projeto, deve ser realmente definido um compromisso claro em relação a dar a condição necessária para o time que cumprirá essa jornada, como treinamento adequado, estrutura para trabalhar e, principalmente, apoio estratégico na hora das decisões mais difíceis.

TRANSIÇÃO ⟶

NO INÍCIO
- Time ainda tem episódios de "desentendimento"
- Time ainda cumpridor de tarefas, sem ainda grande visão de valor
- Pouca visão integrada
- Ainda há dentro do grupo dúvidas sobre papéis e responsabilidades
- Líder monitora o time
- Demoras nas decisões, problemas se arrastam

MINDSET ÁGIL
- Time engajado e trabalhando junto
- Foco total na entrega de valor
- Visão integrada dos processos
- Papéis claros e forte cadeia de ajuda em prol da entrega
- Autonomia e liderança apenas facilita o trabalho e remove impedimentos
- Liberdade de expor problemas, visão de melhoria contínua

Figura 8.3: Transição para o ágil

Um apoio forte da liderança é fundamental, pois muitas empresas, às vezes, acreditam que estão fazendo certo o Scrum, mas, em uma rápida avaliação, não se enxerga os princípios ágeis permeando aquele ambiente onde está ocorrendo o projeto, e o que se observa ainda é o apego ao "jeito anterior" de fazer (que não necessariamente errado) e tentar usar as práticas ágeis em paralelo sem chegar na real transição de se praticar os valores ágeis. Dessa forma, não chegaremos ao modelo mental desejado.

Focando e agindo

Focando:

> Síndrome do *"control c — control v"*. Nenhum modelo estará 100% pronto para você aplicar no seu ambiente. Tenha plena consciência que terá que inspecionar e adaptar para a realidade das suas pessoas, do seu time e do seu cliente.

> O que garante o resultado futuro não é o pacote comprado da consultoria e, sim, o que o time "de dentro" aprendeu, vivenciou e internalizou daquela experiência. Treine, dê desafios, acompanhe e reconheça.

Agindo:

➤ Releia com atenção o conceito de M.V.P., que pode de fato ser transformador em acelerar seu processo e mitigar riscos.

Capítulo 9

O líder ágil e seu perfil

Seria impossível escrever um livro sobre metodologias ágeis sem dedicar uma parte para falarmos de forma bem transparente sobre o papel e o perfil do líder em toda essa abordagem que estamos construindo e que estou propondo a VOCÊ para adotar e executar, seja no seu plano pessoal ou profissional. Portanto, neste capítulo falarei de um papel que provavelmente será exercido por VOCÊ. E já ficou muito claro que esse perfil está moldado situacionalmente pelo momento V.U.C.A., do qual já falamos, e tudo que aprendemos nos capítulos anteriores está direcionado para sermos ágeis, proativos e competitivos neste cenário tão veloz. Dessa forma, fica evidente que um dos pontos importantes do líder ágil é ele estar preparado para essa velocidade de raciocínio rápido, leitura de múltiplos cenários, ter a sensibilidade de executar e já retroalimentar aquele resultado como aprendizado para a equipe. Mas acima de tudo, o principal ponto é a visão colaborativa de envolver as pessoas, direcioná-las para o seu melhor individual, para a busca da sinergia coletiva. E é disso que vamos tratar neste capítulo.

Falando em primeiro lugar de PESSOAS

Pelo que você já aprendeu aqui no Scrum, as pessoas, as equipes, estão no centro de tudo, com papéis individuais importantes, principalmente, voltadas para a entrega coletiva que traduzimos no backlog do produto. Vimos também o papel fundamental do Scrum Master e do Product Owner com direcionamentos voltados para garantir a fluidez do trabalho, o foco no objetivo e, principalmente, na sincronia do time nas entregas das Sprints.

O Scrum já tem uma abordagem centrada no ser humano, nas pessoas, durante a execução de projetos e isso pode ser visto na leitura de um dos valores listados no próprio Manifesto Ágil que vimos anteriormente, "indivíduos e interações estão acima de processos e ferramentas". Ou seja, os grandes líderes que desejam aplicar o *"mindset* ágil" devem incentivar continuamente as pessoas a darem passos a frente, transformando os liderados em novos líderes que serão capazes de inspirar outros grupos. Gestores que desenvolvem um perfil ágil tendem a ser mais estratégicos em seu pensamento, mais colaborativos, mais proativos com feedbacks, mais eficazes na resolução de conflitos, mais ativos no desenvolvimento de subordinados e propensos a redefinir problemas para otimizar as conexões existentes entre processos envolvidos dentro do trabalho/projeto.

No modelo ágil, podemos usar uma máxima "fazer devagar para depois ser ligeiro", pois a liderança precisa ter a capacidade de redefinir seu foco atual para tomar decisões mais sábias e, então, envolver-se completamente naquilo que precisa ser feito para a solução definitiva. Ou seja, você será "tocado" o tempo todo pela necessidade e, às vezes, pela urgência de envolver as pessoas em novos posicionamentos do *modus operandi* de atuar no trabalho em curso. E isso irá eventualmente contra as zonas de conforto já estabelecidas no líder e, principalmente, nas pessoas do grupo. Então começamos a perceber a característica de empatia, de se colocar no lugar dos outros, e ter uma comunicação clara e transparente, que conecte de forma eficaz com o grupo de trabalho. Detalharemos essas duas características neste capítulo.

As atitudes de um líder ágil: Qual seu jeito de trabalhar?

Abordarei de forma objetiva as práticas e atitudes de um líder com o pensamento ágil, para que você entenda melhor o que de fato é ter esse comportamento desenvolvido. A partir dessa visão mais clara, será possível fazer uma leitura de sua aderência em relação a essas práticas que descrevo aqui.

Experimente rápido, mas com base em métricas objetivas e direcionadoras

Conforme vimos, os projetos ágeis têm uma característica fortemente interativa e incremental, com fases (Sprints) curtas mas intensas, métricas bem definidas para não se tomar decisões baseadas em palpites. Portanto, o líder ágil deve ter essa habilidade, de direcionar sua equipe no progresso das tarefas, com foco em métricas para auxiliar a redefinir a estratégia e, principalmente, o direcionamento de recursos, sabendo distinguir uma urgência de uma emergência (agora!). A partir de indicadores é que vamos entender se estamos ou não entregando valor para nossa empresa e para os clientes. O líder ágil sabe que em métodos ágeis o produto de valor é desenvolvido e entregue em um curto espaço de tempo, e esse valor não deve ser abstrato, mas sim tangível e útil para quem ele for direcionado. Valor é uma métrica de eficácia do seu produto.

O que falo aqui pode parecer óbvio, mas ainda há muitos líderes que caem na armadilha de navegarem sem uma bússola mínima de indicadores e, muitas vezes, arriscam impor um ritmo e uma direção de projeto sem literalmente medir as consequências e os passos seguintes. Portanto, saber conduzir o trabalho de forma ágil, mas pautado em indicadores corretos, é uma habilidade essencial que o líder tem que desenvolver para direcionar seu time a trabalhar assim. O incremental se torna muito mais fácil quando você enxerga continuamente o progresso. Um dos grandes abismos de um líder é quando ele perde "o tempo" certo da tomada de decisão, e se ele não tem indicadores certos, a chance de isso acontecer é alta.

Importante destacar aqui que o líder ágil não jogará fora o método científico, pelo contrário, toda a parte de formular hipóteses, realizar experimentos, coletar resultados, analisar, gerar conhecimento, passa a ser algo muito importante no domínio do líder, mas o agir rápido passa a ser intenso, ou seja, não se pula fases para acelerar o processo, é o domínio do método que permite acelerar a rampa de tempo de execução.

Em um momento difícil ou crise, não centralize: compartilhe, envolva e participe

No momento de crise, a tendência é que o gestor/líder se sinta na natural obrigação de assumir o comando, tomar decisões e direcioná-las para os demais membros da equipe. Sobre esse ponto de vista, realmente um dos grandes papéis dos líderes é tomar as decisões mais difíceis, mas é preciso haver um equilíbrio entre comando, controle e colaboração. Na situação atual em que vivemos, ou em um cenário de crise, todas as pessoas da organização vivem algo diferente de tudo do que já experimentaram. Todos têm muitas dúvidas acerca de qual melhor forma de atuar em determinado cenário, tenha certeza que o sentimento de pertencer a uma equipe e, em especial, de ser envolvido na solução dos problemas nunca esteve tão forte. Desse modo, líderes ágeis buscarão tomar decisões mais assertivas, adotando uma postura mais colaborativa e, em muitos momentos, fazendo com leveza aquela simples, humilde e empática pergunta à equipe: "O que vocês acham?"

A habilidade de envolver coletivamente um grupo e, ainda assim, respeitando a individualidade e a utilizando para ser mais assertivo nas atribuições, é de grande importância no líder ágil, e isso combina muito com o Framework Scrum, onde o grupo trabalha focado em um objetivo coletivo e as habilidades específicas de cada um são aproveitadas em prol do resultado. Neste ponto, quando cito envolver e compartilhar, não é apenas aquela emblemática frase "vamos lá, time! Confio em vocês e estamos no mesmo barco". Para começar, uma demonstração de confiança do líder com o time é buscar o desenvolvimento contínuo capacitando com as competências necessárias para cada vez aproveitar mais seu potencial; e estar no mesmo barco é ensinar a remar e, muitas vezes, remar junto, pois só voz de comando não tira o barco do lugar.

Aprenda a lidar com o erro como rampa de melhoria

Cada vez mais neste mundo V.U.C.A. você precisará se adaptar a dois fatos:

1. Você não conseguirá planejar e acertar tudo, pois os cenários são galopantes e as variáveis de incertezas são múltiplas.

2. Ler novos cenários continuamente e rapidamente corrigir a rota deve ser algo muito bem incorporado ao seu jeito, no seu *mindset* de agir.

Assim, ter uma postura de flexibilidade e análise crítica rápida para identificar pequenas falhas em um curto ciclo de tempo é de extrema importância, o que não é fácil, pois o emocional do "antigo normal" está ainda muito intrínseco nas organizações e na forma de agir de muitos líderes, como longos planejamentos sem enxergar claramente as entregas intermediárias e o receio de mexer no planejado e dividir comando, pois a hierarquia, muitas vezes, funciona como um porto seguro e sinônimo de status e poder, algo totalmente desconectado com o "mundo ágil" de pensar e agir.

Como vimos, existe uma premissa no Scrum de que errar é um caminho natural e, de certa forma, aceitável, desde que seja brevemente, para acelerar o aprendizado e encurtar o caminho para o resultado esperado para seu produto e cliente.

Mas calma, não é tão simples assim. Tudo bem que já sabemos que vamos errar, mas a questão é como e o quanto vamos errar. Se no seu projeto você fizer um planejamento longo com entregas muito espaçadas no tempo, teremos erros enormes e incorrigíveis. Se fizermos experimentos curtos, mas sem utilizar indicadores, só descobriremos que tomamos o caminho errado quando for tarde demais. Se errarmos e isso não produzir aprendizado, será como continuar caminhando para o precipício sabendo que cairemos.

Então, o líder ágil tem que se estruturar e também organizar seu time de trabalho de forma que haja mecanismos, ciclos curtos, utilizando métricas que gerem aprendizado para construir o sucesso já no próximo ciclo.

Para o líder ágil, às vezes o "não sei" é poderoso

A visão tradicional de liderança traz a figura do líder com uma carga exagerada de superpoderes e extraordinário conhecimento individual, que pode navegar em alguns momentos nas águas perigosas da vaidade e da falta de empatia em ouvir os demais do grupo. Desde os tempos de escola reconhecemos a figura de um gestor absoluto do conhecimento, no caso era o professor. Tentamos aplicar esse raciocínio, que parece lógico, no ambiente de trabalho, com os gestores na visão de "donos do conhecimento". E, se levado à risca, será criado um ambiente sem autonomia, com pessoas literalmente esperando ordens, o que pode até gerar um certo conforto de controle, principalmente para o "chefe", mas está muito longe de ser um modelo que aproveita o máximo da capacidade das pessoas, que, a princípio, deve ser o primeiro objetivo do líder, pois antes de construir um resultado ele deve construir uma equipe capaz para isso.

Cada vez mais evidencia-se que o líder não deve ser o detentor de todo o conhecimento necessário para a solução do problema, mas deve ser um constante provedor de novos conhecimentos, novos questionamentos, estimulando o time a repensar e redefinir algo importante. Essa ignição pode começar em algumas situações com um corajoso e genuíno "não sei" para seu time, mas que será conduzido de forma a provocar a busca e o consenso coletivo sobre a dúvida em questão.

O líder ágil jamais terá todas as respostas, mas terá prontamente um modelo mental capaz de fazer excelentes perguntas e provocações para desenvolver o pensamento coletivo na solução do problema. E vamos convir que a simples frase "não sei" neste atual mundo V.U.C.A. pode ser, às vezes, extremamente prudente, pois cada vez mais os cenários estão difusos e interdependentes, e o simples fato de admitir que não tem toda a leitura do tabuleiro te colocará em uma postura muito mais proativa de análise e, principalmente, de correção de rota antecipada.

Envolve as pessoas, mas nem todas, o tempo todo. Lembre-se da autonomia

É fato que qualquer um de nós quer ser envolvido nas decisões e o líder deve ser um facilitador para esse envolvimento se tornar um comprometimento, que vai além, permitindo que você desenvolva um papel de protagonista dentro daquele grupo de atuação. Começar com "o envolver" e o desenvolver autonomia nos papéis, com a constante consciência do foco coletivo, levará o indivíduo ao comprometimento. E facilitar essa evolução dos envolvidos ao comprometimento é uma habilidade importante do líder ágil.

Nesse aspecto, uma questão muito importante é conhecer individualmente cada um do grupo que interage, suas habilidades, características comportamentais e, principalmente, expectativas pessoais. É óbvio falar, mas ninguém tem duas personalidades, a do trabalho e a de casa, portanto entenda a vida das pessoas que você interage e a sua própria vida como uma só, com multi-interferências relacionadas ao mundo externo e ao trabalho. O líder que entende essas diferenças dentro de sua equipe utiliza esse conhecimento para dar a tarefa certa e autonomia devida para cada integrante, aumentando o potencial de envolvimento e consequente comprometimento. A habilidade de envolver o grupo certo na hora certa é de extrema importância. Em um exemplo bem prático, pense naquela reunião que talvez se torne mais produtiva se você chamar só os especialistas para fazer uma imersão e, talvez, depois chamar o restante do time para um fórum mais informativo e manter a comunicação em um nível essencial. Um bom líder ágil se sentirá desconfortável e desconfiado se alguém chegar para ele com um plano pronto para sua empresa ou um modelo de negócio para se tornar ágil, pois sabe que isso é uma construção contínua com extremo envolvimento do time e permeado de dúvidas que se tornarão insumo para a solução.

A importância da empatia e da comunicação transparente no perfil de liderança ágil

No meu livro *A tríade da competência*, no lado da liderança, dediquei um capítulo específico para cada uma dessas duas importantes características. Fiz isso por entender que são importantes pilares da formação de nossa liderança, que, quando desenvolvidas, geram grande potência de interação com as pessoas e com o ambiente em volta. E diria que para o momento de plena transformação que vivemos, são características essências para evolução de qualquer trabalho em equipe: saber o que o outro lado sente e quer e, do nosso lado, saber comunicar bem o que queremos.

O poder transformador da empatia

Indo diretamente ao ponto central, em relação ao perfil do líder ágil e a forma de trabalho no Framework Scrum, a característica de empatia se encaixa com melhorias necessárias nos níveis de confiança, dentro de uma equipe que tem autonomia mas que tem um propósito coletivo, pois ela se sobrepõe ao nível hierárquico existente naquele grupo, permitindo construir um mecanismo de relação em que escutamos as demandas das pessoas com as quais estamos dividindo "a missão". Pensando no contexto dos rituais do Scrum, como a reunião diária, na qual o Scrum Master e o time de desenvolvimento tem como principal objetivo "desenrolar" todos os "nós" para o fluxo de tarefas e, sendo o tempo bem curto, é de extrema importância para esse momento ter foco e ouvir ativamente (visão de escuta ativa é focar a atenção no discurso da outra pessoa) quais problemas os componentes do time de desenvolvimento estão enfrentando e o que isso afetará na entrega para o cliente, sem reclamações, com foco genuíno de buscar a solução coletivamente do problema. A capacidade de compreender e experimentar os sentimentos e motivações dos outros é essencial para uma cultura ágil, pois, ao aceitarmos todos como indivíduos, mostramos empatia por aqueles que trabalham conosco, sejam membros de nossa equipe, seus pares ou seus superiores.

Dessa forma, a empatia tem que ser tratada como um valor que gera sinergia na equipe e o gatilho deve ser o líder. Na sequência detalho um pouco mais como seria esse comportamento empático do líder ágil.

A prática da escuta ativa deve ser um hábito incorporado

Escuta ativa é tirar completamente o foco de você durante algum evento, seja uma conversa individual com alguém ou em uma reunião de trabalho e concentrar 100% na mensagem recebida. Na prática, significa ouvir o outro na essência. Isso, em uma reunião de trabalho em que está se buscando soluções, é ouvir os "especialistas", aqueles que mais têm conhecimento do tema e, portanto, seu detalhamento é vital para o entendimento assertivo do contexto. O mundo ágil é muito intenso e o conceito aqui é não desperdiçar a oportunidade de ouvir a pessoa certa, que pode encurtar o caminho. Muitas vezes, temos um pensamento contrário, de não dar esse tempo para ouvir os outros na falsa ilusão de que já temos todos os elementos necessários na cabeça.

A prática do feedback deve ser uma ferramenta de desenvolvimento contínuo

Como seria descrever um líder ágil que não lida bem e não incorpora a prática do feedback como ferramenta incremental do seu trabalho? O feedback é uma prática que se encaixa no modelo ágil e no perfil do líder ágil. Se o hábito de fornecer e receber feedbacks for incorporado na dinâmica de trabalho durante reuniões e conversas de alinhamento, com o passar do tempo isso refletirá positivamente em um ambiente muito mais transparente, mais leve, facilitando tratar temas complexos e permitindo que as pessoas consigam distinguir diferentes pontos de vista sem julgamentos pessoais.

A prática do feedback contribui para construção de uma relação mais próxima entre o time, que novamente saliento ter muita sintonia com a forma de trabalho do Scrum, como a relação entre time de desenvolvimento e o Scrum Master, que deve ser franca e com a intenção genuína de acelerar o processo de acertar no que o cliente quer. A prática de feedback em um time redefine o que é a proximidade em um grupo, que se reflete em termos de confiança e transparência em expor o ponto de vista e as opiniões com respeito entre colegas e pares. Isso é um ambiente com empatia presente.

Comunicação transparente: onde não há tempo para interpretações equivocadas

Você já parou para pensar se pudéssemos medir o tempo que desperdiçamos tentando interpretar algo que não ficou muito claro? E além do tempo gasto com essa tentativa de adivinhação do pensamento alheio, o quanto isso pode te afetar emocionalmente, na sua autoconfiança, concentração e foco no que realmente agrega?

Acho que já te convenci da importância do domínio da comunicação transparente neste mundo V.U.C.A. Simplesmente não há tempo para interpretações e alucinações emocionais, e como a interpretação involuntária é algo inerente do ser humano, VOCÊ, líder comunicador, deve aprimorar cada vez mais a forma de se comunicar para que ela seja assertiva no sentido da correta construção das ideias. Na sequência descrevo pontos importantes para a comunicação efetiva de um líder ágil.

A comunicação efetiva deve gerar uma mudança de atitude

Quando uma informação é comunicada de forma eficaz, tende a transformar a atitude das pessoas, direcioná-las para a mudança necessária naquele momento. Se a comunicação apenas movimenta as ideias do grupo, mas não provoca nenhuma mudança de comportamento, então ela não atingiu o resultado esperado. Vamos transportar essa visão para uma reunião diária de seu projeto, cujo o objetivo é alinhar e direcionar o time para o caminho do resultado que foi traçado ou até já ajustado, e, portanto, o que você trouxer de informação e comunicar àquele grupo deve ser algo efetivo, insumo de construção e não apenas uma mera informação, seja um indicador, um cronograma de tarefas bem descrito e, em especial, um feedback de um cliente. Se houver a percepção pelo grupo de que o que é comunicado naquele fórum é, na maior parte das vezes, agregador às suas tarefas e desempenho, isso certamente aumentará o engajamento do time. E esse clima de objetividade e espírito de cooperação gerará transparência e confiança, pois, em um local onde gestores compartilham todas as informações necessárias com o time, a motivação aumenta, todos se sentem valorizados e parte importante do processo.

Comunicar bem é também comemorar em tempo real

Comemorar pequenas conquistas e entregas tem muita importância para fortalecer a autoestima e confiança do time, está alinhado ao modelo ágil de atuar, com renovação e confirmações constantes, e cada pequeno avanço na reunião diária, cada entrega de "100% feito" em uma Sprint, deve gerar vibração positiva. O líder ágil não deve perder jamais a oportunidade de mostrar a sua equipe que ela está no caminho certo. Não deixe passar uma conquista em branco, mesmo com o tempo jogando contra, não deixe de executar a importante e genuína missão de agradecer.

O modelo ágil e a liderança servidora

A liderança servidora tem algumas características marcantes que se adaptam no que falamos até aqui sobre o perfil do líder ágil. Um ponto importante da liderança servidora é que o foco não está só no negócio ou no produto, mas também nas pessoas e no que elas devem fazer, com todo respeito a sua autonomia. O líder, nesse caso, deve servir como ponte para as necessidades que o projeto ágil traz consigo. Desse modo, o foco permanece sobre o trabalhador, em vez de o líder e os lucros da empresa. Essa é uma abordagem que as pessoas têm usado durante séculos: trata-se de uma forma de gestão em que o líder se concentra nas necessidades dos outros, especialmente dos membros da equipe, antes de considerar as suas próprias.

Na sua abordagem, o líder servidor apoia aqueles que fazem o trabalho, desempenhando um papel de facilitador, e centra-se na eliminação de obstáculos, com a certeza que a equipe tem tudo o que precisa para executar. O líder mantém a equipe focada na visão do projeto e em sua entrega de valor para o cliente final. Também é dever do líder facilitar qualquer tipo de informação que possa ser necessária para os membros da equipe trabalharem em um projeto. Esse líder tem grande preocupação em formar novos e ótimos profissionais, que possam ser sucessores, praticando muita transparência e feedbacks construtivos. O líder servidor, em hipótese alguma, ostenta seu poder de comando de forma a constranger o time, agindo com educação e cautela, pois o que se busca é a conquista do respeito e da confiança natural, e a hierarquia não trará esses dois itens de forma natural.

As empresas que adotam a liderança servidora dentro de sua cultura organizacional dão muita atenção aos ambientes de desenvolvimento e estruturas de apoio, que promovem altos níveis de satisfação dos funcionários. Além disso, o líder servidor trabalha para a construção de uma organização de aprendizagem em que os indivíduos são encorajados a crescer e se tornar cada vez mais valiosos.

Apesar de o líder ter seu foco voltado principalmente para as pessoas, ele não deixa a busca pelos resultados de lado e é exatamente por esse motivo que investe tanto nos profissionais, pois sabe que somente através deles é possível alcançar metas e objetivos assertivamente.

O líder servidor dá às pessoas a responsabilidade por suas próprias ações no local de trabalho, a autonomia e, por meio da capacitação, reconhece os talentos e pontos fortes dos colaboradores. Além disso, deve incentivar os funcionários em suas ações e em seu crescimento pessoal, mostrando que eles não são meros subordinados, mas indivíduos únicos, plenamente capazes de contribuir para que a empresa se torne cada vez mais bem-sucedida no mercado.

Deve ainda o líder ter humildade para reconhecer que os colaboradores podem ter mais conhecimento e experiência do que ele. Ao reconhecer os limites do próprio conhecimento, ele incentiva a criação de um ambiente de aprendizagem, em que os profissionais que estão sob seu comando podem aprender uns com os outros, independentemente de níveis hierárquicos, desenvolvendo-se, assim, por meio de sua força de vontade e da troca de experiências no ambiente de trabalho. Além disso, trata-se de um tipo de líder que sabe os momentos exatos em que precisa da ajuda de seus colaboradores, em determinadas tarefas, para poder avançar. Assim, demonstra ter humildade e reconhece que não é detentor de todo conhecimento e habilidades e que o crescimento somente é possível se for realizado em grupo.

Para mostrar sua autenticidade, o líder servidor deve agir com integridade, cumprindo o que promete, mostrando coerência entre o que faz e o que fala, sendo fiel a si mesmo e aos princípios de liderança que prega.

Saber exatamente o que o líder espera de cada um é muito importante para os colaboradores e para a organização como um todo. Por isso, é necessário oferecer um direcionamento sobre o que cada um deve fazer. Isso não significa não dar liberdade, mas deixar claro quais são as expectativas sobre o trabalho de cada colaborador, para que saibam qual caminho seguir, até mesmo de maneira autônoma.

Líderes que são transparentes e conhecem as suas fraquezas podem ser percebidos como mais confiáveis, elevando sua relação com os membros da equipe. Os líderes devem sempre estar dispostos a usar ideias sugeridas pelos membros da equipe. Em projetos ágeis, novas ideias podem ser experimentadas durante as interações e, se forem bem-sucedidas, podem ser adotadas, se não, podem ser tratadas como parte das lições aprendidas. Um líder eficaz garante que tudo isso possa acontecer sem nunca deixar que a motivação de seu time decaia.

Focando e agindo

Focando:

➤ Você percebeu que o líder ágil tem um desafio muito grande em desenvolver suas características relacionadas às habilidades de mobilizar pessoas, *como empatia, comunicação e humildade* em admitir que não sabe tudo. Esses *gaps* emocionais, quando existem no líder e na equipe, realmente desconecta e desmobiliza, dificultando a reação rápida à mudança de cenários, já que esse importante lado emocional não está em equilíbrio.

➤ Para você assimilar a importância das *soft skills* citadas, imagine um Scrum Master ou um P.O. sem essas características bem desenvolvidas (empatia, humildade e comunicação) com o papel de conduzir o time a desenvolver os valores do Scrum (respeito, abertura, foco, compromisso e coragem). Seria uma missão bem difícil.

Agindo:

Atitudes simples que você pode tomar no dia a dia para aos poucos incorporar a liderança servidora e ágil. Utilize os itens abaixo como um *"mini checklist"* de melhoria para liderança.

➤ Fique atento a sua capacidade de ouvir (escuta ativa). Quem aprende a ouvir conquista de fato o direito de falar.

➤ Se dizer "não sei" é difícil para você, experimente de vez em quando, mas ajude a buscar a resposta certa.

➤ Pratique os conceitos do *mindset* de crescimento (capítulo 7). Seja obcecado em aprender mais todo dia, e com as pessoas que estão com você.

➤ Torne o feedback um fato diário na sua vida, dar e receber, elogie o que de fato deve ser reconhecido. Se decidiu mudar algum comportamento, pergunte a alguém que convive com você se de fato mudou e *agradeça* pelo feedback.

➤ Capacite seu time e aprenda com ele. Desconsidere a máxima do "eu já conheço", e reaprenda.

Capítulo 10

Seu roteiro: O passo a passo, para você executar seu projeto Scrum

Nos capítulos anteriores busquei trazer um conteúdo que te desse um entendimento e base do porquê as práticas ágeis podem te ajudar a dar velocidade e assertividade nos resultados de seus projetos de serviço e de produto.

Chego ao capítulo final com o firme propósito de te entregar um roteiro detalhado para você seguir, se tomar a decisão de montar seu projeto ágil (seja na sua organização ou algo de cunho pessoal e empreendedor). Digamos que não seria um *trilho*, que você não pode desviar, mas sim uma *trilha*, para que você possa ter um atalho seguro, com base no que aprendeu aqui, com uma sequência lógica, que de fato te auxilie para estruturar o seu "projeto piloto" e também para que esteja atento aos pontos mais estratégicos de engajamento da equipe, com perfis corretos e a estrutura mínima necessária. Lembre-se que não existe nenhum livro neste planeta que irá ensinar e garantir seu sucesso em 100%, você terá que lançar mão da experimentação e testar essa "trilha" para as "hipóteses reais" de seus desafios. É essa forma empírica de trabalhar que te transformará em um profissional e uma pessoa melhores ainda do que você já é!

Antes de tudo, você já se convenceu que as práticas ágeis te ajudarão?

O primeiro ponto antes de seguirmos para o passo a passo em si e detalharmos um roteiro para você iniciar sua jornada. Quero reforçar o porquê de você introduzir as práticas ágeis na sua vida profissional, seja na sua organização ou no seu empreendimento. Vamos recapitular os grandes benefícios que abordamos ao longo do livro. Mas não se iluda achando que esses benefícios vêm de uma forma fácil, veloz e perene, pois tudo dependerá diretamente de como você praticará, em especial, o Framework Scrum (capítulo 3), com qual intensidade de foco você desenvolverá seu modelo de inspecionar seu projeto em andamento e qual será sua velocidade e assertividade de adaptação, pois isso é o que realmente importa e faz diferença no seu resultado e crescimento. Resumindo os principais benefícios:

Redução do tempo real de entrega e com maior qualidade no que diz respeito ao que o cliente quer

Veja que a princípio parece antagônico, otimizar tempo de entrega e qualidade. Por isso considera-se um grande benefício, pois não se abre mão de nenhum dos dois itens, buscando-se aprimorar ambos. A forma como o grupo está organizado, a leveza sem uma hierarquia pesada, tarefas individuais com foco em objetivo coletivo (backlog do produto) e execução por etapas incrementais (as Sprints) permitem entregar para o cliente uma pequena parte "que funciona", que te dará feedbacks e ajudará a adaptar as próximas fases.

Foco total no cliente, aumentando a chance de sucesso

Como o ágil foca nas pessoas, o atendimento é superior comparado ao método tradicional (em cascata), já que busca a satisfação do cliente, proporcionando várias interações ao longo da concepção do produto, com oportunidades de se obter feedbacks de grande valor após cada Sprint, imprescindíveis para a melhoria de cada incremento do produto.

Adaptabilidade no escopo e no modo das pessoas interagirem

Passou da hora de deixar de achar que fazer alterações de escopo durante o curso do projeto ainda seja um incômodo para as equipes. Hoje em dia, quem sabe lidar bem com essa manobra e a utiliza na proporção e tempo de ciclo certo, sai na frente para entregar o máximo de valor. Isso é adaptabilidade, e a forma pela qual os eventos do Framework Scrum estão organizados (planejamento, reuniões diárias, Sprint Review, retrospectiva) proporciona condições e momentos cíclicos e contínuos para se adaptar o escopo (backlog do produto), assim como as pessoas irão também se moldando a esse cenário positivo, em que uma inspeção é uma chance de se adaptar para uma melhoria. O que faz a excelência de um trabalho e das pessoas é sua capacidade de experimentar, identificar a oportunidade, corrigir e melhorar.

Nas metodologias tradicionais, costuma ocorrer o contrário, o escopo é cumprido à risca, as alterações geram desconforto e são vistas como relativos fracassos.

Colaboração e autogerenciamento

Novamente cito que a prática dos eventos, como a reunião diária (Daily Scrum), promovem inspeção e verificação diária do que está sendo feito e os impedimentos que precisam serem removidos, gerando uma colaboração evolutiva do time, colocando em pauta a sua competência e engajamento, em prol das Sprints e entrega de produto.

O ritmo de trabalho no Scrum, com essa intensidade cíclica de inspeção e adaptação, gestão à vista gerando grande transparência coletiva no grupo, incentivam os times a produzirem e se organizarem de forma autônoma, sem depender na maioria das vezes da intervenção de hierarquias. Lembrando que a figura do Product Owner não é considerada uma hierarquia, ele tem a responsabilidade de focar o grupo na entrega para o cliente provocando momentos em que o grupo terá que tomar decisões para corrigir rota no sentido da entrega (definição de quais tarefas serão feitas na Sprint, por exemplo), fortalecendo o senso de responsabilidade e de entrega do time de forma genuína e independente.

E, finalmente, aquela palavra mágica: felicidade

O envolvimento ativo e a colaboração dos times tornam o ambiente mais leve. Com a transparência no trabalho, vem a autoconfiança e a confiança mútua no grupo. Dessa forma, as pessoas tendem a realizar atividades com mais tranquilidade e prazer, sentindo-se mais satisfeitas, eficientes e *felizes*.

Além disso, essa confiança construída dentro do time torna as pessoas participantes, com maior preparo e coragem (adoro essa palavra) de arriscar mais, sempre em prol da melhoria contínua, posicionando-se, muitas vezes, com uma postura muito mais de inovação e aberta a mudança.

Enfim, o Scrum não é um botãozinho que você apertará e de imediato a produtividade disparará, conforme vimos desde o início, é uma construção que introduz um ritmo bem diferente e intenso de trabalho, que irá aos poucos modificando o jeito de interagir e reagir do grupo, algo que leva tempo, mas que transforma de forma muito positiva a entrega do resultado e em especial as pessoas. Isso tudo porque permite uma rápida e frequente avaliação de sucessos e fracassos. Não se evita que os times errem, muito pelo contrário, permite que esses erros, em geral inevitáveis, aconteçam logo e o time trabalhe para consertá-los.

Seu roteiro passo a passo de como iniciar o Scrum

Vamos começar falando das premissas iniciais, antes de detalhar o passo a passo operacional, e o caso mais "completo", que seria implantar o Framework Scrum em projetos de uma organização, que envolve todo o alinhamento e adequação com a estrutura atual de trabalho. Se a sua intenção for implantar em um projeto de cunho pessoal ou se você for o empreendedor líder, esse roteiro poderá ser adaptado para esse fim. Quero ressaltar que esse roteiro tem como referência os passos citados no livro *Scrum: a arte de fazer o dobro do trabalho na metade do tempo*, de Jeff Sutherland, um dos criadores do Framework Scrum e um dos autores do *Guia do Scrum*. Mas o detalhamento que faço aqui é acrescido de minha vivência nos projetos que trabalhei e colaborei.

Parte I: Inicie a construção do propósito e defina o projeto

Passo zero: mostre para a liderança o porquê de implantar o Scrum

Quando se pensa em implementar práticas ágeis em uma empresa, a dúvida de sua eficácia é provocada em geral pela falta de conhecimento quase que total de seus benefícios. A melhor forma de iniciar a implantação do Scrum em sua empresa é, sem dúvida, vendendo a ideia para a liderança que você pensa em fazer um projeto piloto.

Para iniciar esse passo você terá que "quebrar" a provável resistência inicial, de passar o genuíno "porque" de adotar uma nova forma de trabalho, se houver, por exemplo, uma tendência de se achar que as coisas já funcionam e o resultado não é tão ruim assim.

O melhor começo seria injetando conhecimento, promovendo um viés prático dos benefícios, preparando uma apresentação, de preferência com o auxílio de alguém que já tenha um certo domínio e vivência de projetos ágeis, ressaltando uma visão dos princípios ágeis e os principais tópicos do Framework Scrum. O objetivo é passar para esse líder que o que está sendo sugerido tem todo um histórico de implantação e sucesso e é fundamentado em valores importantes para engajar equipes de alta performance. Além disso, mostrar a estrutura básica do Framework Scrum propiciará uma boa visão dos principais benefícios (que reiteramos no início deste capítulo) que podem ser obtidos com sua implantação. Quando falo em "estrutura básica", não deixe de dar detalhes de como funcionam os principais elementos do Scrum (papéis, eventos e artefatos), pois essa visão do "como" é feito é que permitirá um melhor entendimento e curiosidade em querer experimentar. Detalhe alguns dos itens que simbolizam o *modus operandi* da agilidade, como o dinamismo e disciplina da reunião diária, o ponto forte estratégico da reunião de planejamento e assertividade da Sprint Review e, em especial, a funcionalidade dos papéis, que é um ponto crucial na forma de se trabalhar a visão colaborativa dentro do grupo.

Gaste um pouco do tempo mostrando o como, mas seja certeiro em demonstrar a potência do aumento de entregas e o foco, junto com qualidade do produto. Sua apresentação deve terminar propondo um desafio de definir um projeto piloto como forma de iniciar essa promissora transição. Importante tomar o cuidado de não ser o projeto mais complexo da carteira, o ideal seria um de menor risco, mas que seja importante e entregue no menor tempo gerando surpresa e boa visibilidade.

Passo 1: Comece pequeno, mas com foco em um projeto bem escolhido

Iniciar com apenas um projeto é uma boa opção pelos seguintes motivos:

> Trabalhar em um escopo menor mitiga o risco de impactar muitas estruturas e pessoas de uma só vez, gerando uma grande onda inicial de rejeição.

> Aumenta a chance de você acertar na escolha inicial das pessoas certas para cada papel. Sempre valerá aquela máxima: um pequeno grupo se organiza melhor e mais rápido que uma grande massa.

> Lembre-se que um dos objetivos do piloto é gerar aprendizagem no novo "jeito de fazer" e dar visibilidade de resultado para termos o apoio da alta liderança para continuar. Algo muito grande, que você não conhece tão bem, aumenta a chance de se perder o controle.

Para escolher esse projeto você pode adotar alguns parâmetros de referência que te ajudam a tomar uma decisão assertiva:

> Não escolha um projeto que seja em uma área onde há uma previsão de ocorrer mudanças estruturais severas nos próximos meses (por exemplo: troca de líder, fusão com outra área).

> Escolha um projeto de complexidade média, mas que tenha potencial de visibilidade se tiver sucesso.

> Dê preferência a projetos com potencial futuro de replicação.

Parte II: Os papéis — QUEM serão as pessoas

Passo 2: Comece com o dono: escolha o Product Owner (P.O.)

Esse é o primeiro que deve subir no barco, sendo o responsável pela visão do seu produto, de tudo que será construído no projeto, lembrando que ele deve conhecer muito bem o cliente, suas necessidades e expectativas. NÃO erre nesse ponto! Nas suas responsabilidades estão trazer para o time do projeto os riscos e os benefícios, o que é possível, o que pode ser feito, o que surpreenderia o cliente.

Figura 10.1: P.O. tem uma luneta para enxergar longe a necessidade do cliente

Discutimos com detalhes a função dos papéis no Scrum no capítulo 3, mas vale reforçar alguns pontos. A figura 10.1 simboliza o espírito do P.O., enxergar longe o que é prioritário para o cliente, ser um direcionador, uma sentinela constante, que a cada Sprint direcionará e dará a segurança para o time do projeto. Enquanto o time trabalha no processo de execução, o Scrum Master atua como facilitador para remover impedimentos, e o P.O. confere o tempo todo se a entrega está na direção certa, bem alinhada, tendo como referência o backlog do produto. As características vitais que o P.O. deve ter são:

➤ Conhecimento do negócio.

➤ Habilidade diferenciada de comunicação.

➤ Bom trânsito nas outras áreas da empresa.

Passo 3: Monte o time do projeto

Esse é o time que fará o projeto acontecer. Como visto no capítulo 3, essa equipe precisa cobrir todas as habilidades necessárias para transformar a visão do P.O. em realidade. Já citamos que o tamanho seria entre três e nove componentes, não havendo hierarquia entre eles, devendo ser pequeno o suficiente para ser ágil e entrosado, e grande o bastante para atender o trabalho dentro das Sprints. Esse tamanho permite desenvolver algumas caraterísticas essenciais no grupo: autonomia, propósito e domínio.

Se tiver uma equipe motivada dessa forma, com essas características e praticando os cinco valores do Scrum, terá uma potência de trabalho que jamais viu. Para definição do time busque pessoas com o perfil abaixo.

➤ Inclinada a trabalhar em grupos multifuncionais.

➤ Dispor de habilidades específicas do escopo; não todas, o grupo tem que se complementar no conhecimento técnico necessário.

➤ Boa capacidade colaborativa.

Passo 4: Escolha o maestro, o seu Scrum Master

Enquanto o P.O. é a figura que não deixará o time desviar do escopo do produto, o Scrum Master é quem cuidará (essa é a palavra exata, pois ele é um líder servidor) do grupo. Será o grande maestro regendo o time, ainda que o grupo seja autogerenciável, ao longo das Sprints e, em especial, nas reuniões diárias, eles têm autonomia para direcionarem as tarefas, e o Scrum Master orientará a equipe no que diz respeito a utilizar a estrutura do Scrum, além de eliminar qualquer obstáculo que esteja deixando o ritmo mais lento ou impeça o bom andamento das atividades.

Figura 10.2: O "maestro" do Scrum Master

As características imprescindíveis do Scrum Master são:

➤ Referência do grupo nas metodologias ágeis, no Scrum.

➤ Liderança servidora, liderar sem hierarquia.

➤ Perceptivo.

➤ Senso de organização diferenciado.

Parte III: Detalhe o que é seu produto e planeje como irá trabalhar

Passo 5: Defina a visão do produto e construa o seu backlog do produto

Vimos a declaração de visão do produto no início do capítulo 5. Releia se tiver alguma dúvida sobre sua estrutura. A visão é muito importante para que o projeto seja conduzido no rumo certo. Deve ser feito pelo P.O. do produto, que será uma referência importante para o detalhamento para o backlog do produto. E nunca se esqueça: O backlog do produto *é o mapa que te levará ao tesouro, é a chave para abrir o cofre para o cliente*. É uma lista em detalhes, com descritivo do que precisa ser feito para transformar a visão do produto em realidade. Essa lista é *dinâmica* e mudará e evoluirá ao longo do desenvolvimento do produto, devendo ser o único referencial, o mapa do projeto para te levar ao objetivo final.

Um backlog bem estruturado, bem gerenciado e atualizado pelo time do projeto, com especial responsabilidade do P.O., é a chave de sucesso. A priorização correta, Sprint a Sprint, dos principais itens é fundamental para obter produtividade. Lembre-se: o P.O. é o legítimo responsável por toda a movimentação da lista (atualização, priorização), consultando com frequência os steakeholders, e a equipe para se certificar do pleno alinhamento do que está sendo feito com o que de fato as pessoas querem.

Na sequência, o time desdobrará essa lista em grupos menores, para realizarem Sprints (Sprint Backlog será feita dentro de uma Sprint) para empreender detalhamento e compartilhamento de atividades mais efetivos.

Sequência de como desenvolver um eficiente backlog do produto:

Crie a identidade do produto

Cuide para que você tenha um título resumido, mas autoexplicativo. Por exemplo, vamos supor que seja um projeto que detalhe uma nova rota aérea de uma companhia. Seu título pode ser algo bastante simples e direto como "Backlog do projeto para nova rota de A para B". Não é um nome comercial ou de apelo publicitário, mas é funcional o suficiente para facilitar o entendimento do time.

Defina tarefas e descrições

Liste as tarefas previstas para o projeto, com suas descrições e tempo de duração estimado de cada uma delas. Para facilitar a administração das tarefas x tempo, é interessante estabelecer itens que caibam dentro de um Sprint Backlog, que podem ser resolvidos em tempos múltiplos de semanas.

Se algum item estiver fora desse escopo, divida-o em tarefas menores.

Estabeleça prioridades

A principal função de saber o que é backlog do produto e implantá-lo é comunicar à equipe quais são as prioridades de desenvolvimento; dessa forma, as tarefas e os componentes devem ser ordenados de acordo com sua importância para o projeto e o cliente.

Cada página deve estar organizada por grau de relevância, a partir do mais importante.

Passo 6: Ponto crucial, seu Backlog precisa ter seu "esforço" estimado

No Scrum, a flexibilidade de se ajustar os itens a serem feitos acontece durante todo o projeto, porém, é vital fazer um bom planejamento do trabalho, dimensionar o esforço necessário para cada um dos itens do backlog do produto, o que dará tranquilidade e mais potência de execução ao time do projeto, ao longo das Sprints. É esse planejamento que dará cadência à velocidade e a produtividade do projeto, lembrando que nada está *escrito na pedra,* pode ser adaptado conforme o time enxergar a necessidade. Importante lembrar que essa estimativa "ágil" dos itens a serem construídos deve ser feita observando a capacidade de entrega de cada um do grupo, numa decisão sempre compartilhada com todo o time do projeto.

Um outro ponto crucial para estimativa é checar se cada item do backlog está posto de forma exequível, em especial se existem informações suficientes. Lembre-se que no planejamento é o melhor momento de se juntar essas informações, justamente para não subestimar o esforço e errar muito na divisão dos itens por Sprint, que tem um tempo já determinado.

Não é recomendável estimar os itens do backlog em horas, pois, às vezes, o volume de trabalho inicial é grande e torna-se pouco prático e preciso fazer essas estimativas em horas.

Estime por afinidade

Essa é uma técnica que nos ajuda na estimativa do esforço para executar cada item e também nivela o entendimento de todos em relação ao tamanho do desafio do projeto em sua totalidade. Recomendo usar o modelo "tamanho de camiseta" (*t-shirt sizes,* em inglês), em que classificamos cada item do backlog do produto em tamanhos:

- **PP:** *Muito pequeno*
- **P:** *Pequeno*
- **M:** *Médio*
- **G:** *Grande*
- **GG:** *Muito grande*
- **EG:** *Extra grande*

E esse dimensionamento dos itens por tamanho deve ser realizado levando em consideração três critérios: *Complexidade, tamanho do esforço* e *risco na implementação.*

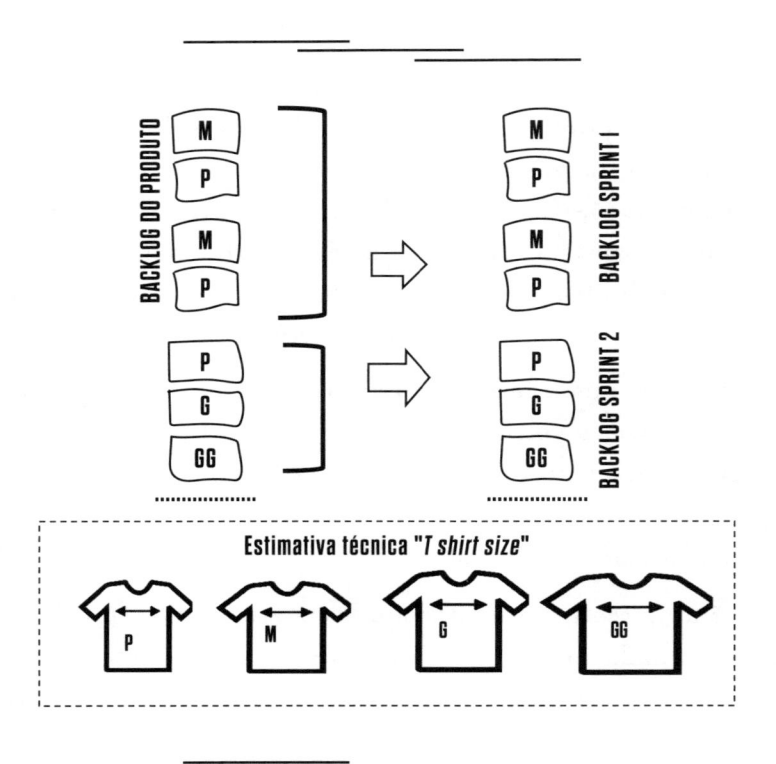

Figura 10.3: Decomposição dos itens do Backlog em Sprints

Trabalhando dessa forma, conseguimos fazer um agrupamento de itens "similares" em termos de tamanho, que será de grande utilidade no momento de definir a divisão de itens por Sprint.

A figura 10.3 mostra na prática como essa "classificação" auxilia a dimensionar a quantidade de itens que vamos colocar em cada Sprint, levando em consideração o "tamanho" de cada um. O ideal é haver um equilíbrio de volume de trabalho em todas as Sprints. Então, no exemplo temos dois itens M e dois itens P, colocados na Sprint 1, equivalem a um item P, um G e um GG. Esse dimensionamento é aperfeiçoado e calibrado com o passar das Sprints.

Fique atento, pois na prática se um item EG ou até GG for levado para dentro de uma Sprint, provavelmente será necessário e prático durante a execução dessa Sprint quebrá-los em subitens, para melhor execução e distribuição de tarefas. O tamanho das *t-shirts* ajuda a encaixar escopos factíveis de execução em todas as Sprints.

O conceito de "story points"

Aprimorando ainda mais essa técnica de dimensionamento, você pode usar para estimar o tamanho de cada item do backlog o que chamamos de *story points*. Nesse caso, chama-se cada item do backlog de *story* e o time do projeto faz uma estimativa para cada um desses itens (uma quantidade de *story points*). Dessa forma, criar uma escala numérica pode ser mais fácil de que uma conta proporcional de esforço. Para ficar mais claro, vamos pensar em um exemplo em que eu fosse escrever um artigo técnico para publicar em uma revista especializada (supondo que já conclui a pesquisa e tenho os dados para publicar). Na figura 10.4, fiz uma pontuação de cada item que coloquei no backlog do produto "escrever e publicar artigo".

ITENS DO BACKLOG "ESCREVER E PUBLICAR UM ARTIGO"	ESTIMATIVA EM PONTOS
Escrever Introdução	1
Fazer pesquisa de revisão bibliográfica	3
Escrever estrutura principal do artigo	6
Escrever conclusão	3
Elaborar figuras e tabelas	3
Formatar artigo	2
Traduzir artigo para o inglês	5
Pesquisar e definir em qual revista publicar	4
Total de pontos	27

*Figura 10.4: Estimativa do backlog por **story points***

Essa estimativa é relativa, para quem conhece o processo que está estimando (no meu caso, estimei o tempo para tarefas de um processo que eu conheço bem, publicação de artigo). O "um" ponto que coloquei para a tarefa "escrever introdução" passa a ser a referência unitária, para eu estimar as demais. Ou seja, significa que escrever a estrutura principal do artigo, consumirá seis vezes mais "esforço" do que escrever a introdução, ao passo que formatar o artigo contempla duas vezes mais esforço que fazer a introdução, e assim por diante. Essa proporção de esforço, por incrível que pareça, torna-se mais assertiva do que estimar em escala de tempo.

Existem outras escalas já desenvolvidas e difundidas por outros autores em outras obras, como a escala *Fibonacci*, que traz uma escala de proporção específica:

ESCALA FIBONACCI

| 1 | 2 | 3 | 5 | 8 | 13 | 20 | 40 | 100 |

Figura 10.5: Escala Fibonacci

Para ilustrar o uso dessa escala, vamos voltar ao caso das Sprints que estimamos em *t-shirts*, em que daremos os seguintes tamanhos, usando a escala acima:

PP	P	M	G	GG	EG
1	2	3	5	8	13

Figura 10.6: Codificando a escala

Agora vamos voltar à figura da decomposição do Backlog em Sprints por tamanho de camiseta, e traduzir para a última escala apresentada.

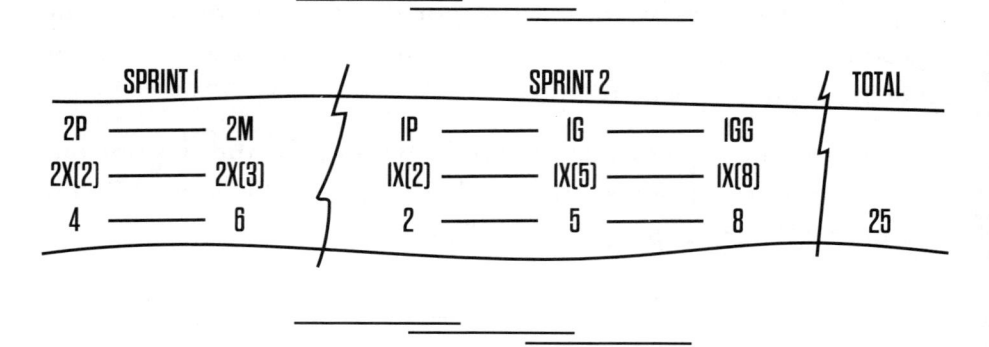

SPRINT 1		SPRINT 2			TOTAL
2P — 2M		1P —	1G —	1GG	
2X[2] — 2X[3]		1X[2] —	1X[5] —	1X[8]	
4 — 6		2 —	5 —	8	25

Figura 10.7 Exemplo codificando em número de pontos Fibonacci

Fazendo o cálculo numérico de pontos totais para esse backlog, duas sprints são 25 pontos, quantificados em esforço. Esse número ainda é relativo. Para ele ser mais útil, você precisará ter uma noção do quanto de esforço o time do projeto consegue fazer por Sprint. Essa quantificação medimos com o nome de "velocidade da equipe Scrum" e, em geral, é quantificado por número de *story points* que o time consegue fazer. Às vezes, para equipes novas, sem histórico de trabalhos em outros projetos similares ou Sprints, torna-se complexo estimar, e por isso no início do projeto essa estimativa é mais difícil de fazer, até que se tenha um histórico da potência de trabalho do time. Vamos supor que já foi avaliado que o time tenha capacidade de fazer 13 pontos por Sprint, de forma que avaliando a programação temos Sprint 1, com 10 pontos a fazer, e Sprint 2 com 15 pontos, cabendo então fazer um ajuste do item "P", que está na Sprint 2, migrando para a Sprint 1, equilibrando os esforços e respeitando o limite de 13 pontos nas duas Sprints.

Passo 7: Faça um efetivo planejamento das Sprints

Essa é uma reunião essencial, momento em que a equipe, o Scrum Master e o Product Owner, de posse da lista do backlog do produto, reúnem-se para planejar todos os itens que serão feitos na Sprint. Utilizando os métodos de dimensionamento que você acabou de ver, será definido o Sprint Backlog, que é o conteúdo (número de itens em pontos) principal a ser realizado dentro do tempo determinado para aquela Sprint.

Nessa reunião há responsabilidades para cada papel:

➤ O time de desenvolvimento avalia as tarefas partindo do topo do Backlog (lembre-se que é uma lista montada por ordem de prioridades) e estima o quanto pode ser feito naquela Sprint. Importante observar sempre o histórico de pontos feitos nas Sprints anteriores e ter um histórico de referência. No decorrer do projeto o time calibrará melhor essa velocidade, entre aumentar e diminuir, em relação ao início.

➤ O Scrum Master e a equipe devem avaliar a cada Sprint a viabilidade de aumentar o número de pontos, com cautela e coerência.

➤ O Product Owner tem que garantir que todos entendam claramente a visão do produto e, na reunião, deve buscar o alinhamento de todo time com o objetivo da Sprint. Lembre-se que o consenso inicial para um bom trabalho é essencial.

No final dessa reunião esperamos as seguintes entregas:

➤ A meta da Sprint;

➤ A lista com itens a serem feitos (Sprint Backlog);

➤ Data de apresentação do Sprint Review;

➤ Divisão de tarefas do time.

Passo 8: Mantenha as suas informações essenciais vivas, sempre à vista e atualizadas

Como vimos ao longo dos capítulos anteriores, para conseguir ser ágil na inspeção e adaptação dos incrementos criados ao longo das Sprints, a forma de fazer a gestão do andamento do trabalho é fundamental. Em todos os eventos, para sermos assertivos e ágeis nas decisões, é vital ter o andamento do backlog do produto e do backlog das Sprints sob gestão à vista, com muita clareza sobre três pontos:

➤ O que ainda precisa ser feito (não iniciado);

➤ Fazendo (em andamento);

➤ Feito (na definição de pronto).

Monte o que chamamos de quadro Kanban de gestão à vista ou quadro Scrum (Scrum Board), que deve ser atualizado com a máxima frequência possível (de preferência em tempo real), onde avançamos as tarefas ao longo das colunas, conforme sua evolução, para que seja realmente sua bússola, acenda a luz amarela em um atraso, ou permita comemorar quando o time concluir uma tarefa importante. Você estará praticando a transparência, um importante pilar do Scrum, que ajuda a mobilizar os times nos momentos difíceis, nivelando expectativas e entendimento claro do que ainda precisa avançar. Dessa forma, você não ouvirá frases como "Ah, mas eu achei que estávamos mais à frente". Aqui não cabe "achar", tudo é visível para todos.

Além do quadro Scrum, que controla os itens e as tarefas em andamento, outra ferramenta importante de gestão à vista é o gráfico de Burndown, visto anteriormente, que ajuda a gerenciar o que já foi entregue. Para mais detalhes do modelo e conteúdo do quadro Scrum e do gráfico Burndown, consulte os exemplos nos capítulos 4 e 5.

Passo 9: Inicie o trabalho e faça uma reunião diária produtiva

A reunião diária, quando bem conduzida, serve com um ponto de correção de rota em relação às atividades em plena execução, sempre tendo como âncora as seguintes perguntas, que remetem a visão de passado, presente e futuro no ciclo de 24h atrás e a frente.

➤ O que foi feito que ajudou a equipe a avançar na meta da Sprint? Que seria uma reflexão do tipo "precisamos manter isso";

➤ O que será feito hoje para ajudar a equipe a alcançar a meta da Sprint? Colocando foco no que precisa ser corrigido ou feito de imediato;

➤ Há algum obstáculo que impeça a equipe alcançar a meta da Sprint? Esse é um momento de muita franqueza, que requer ajuda e colaboração e também o momento em que o Scrum Master perceberá se há algum impedimento em que ele deva atuar para alavancar avanço do time e a meta da Sprint.

Os itens essenciais para se fazer uma boa reunião são:

➤ Todos os participantes e o Scrum Master presentes;

➤ O gráfico de Burndown que mostra o caminho para a meta;

➤ Uma lista de impedimentos.

Roteiro reunião diária

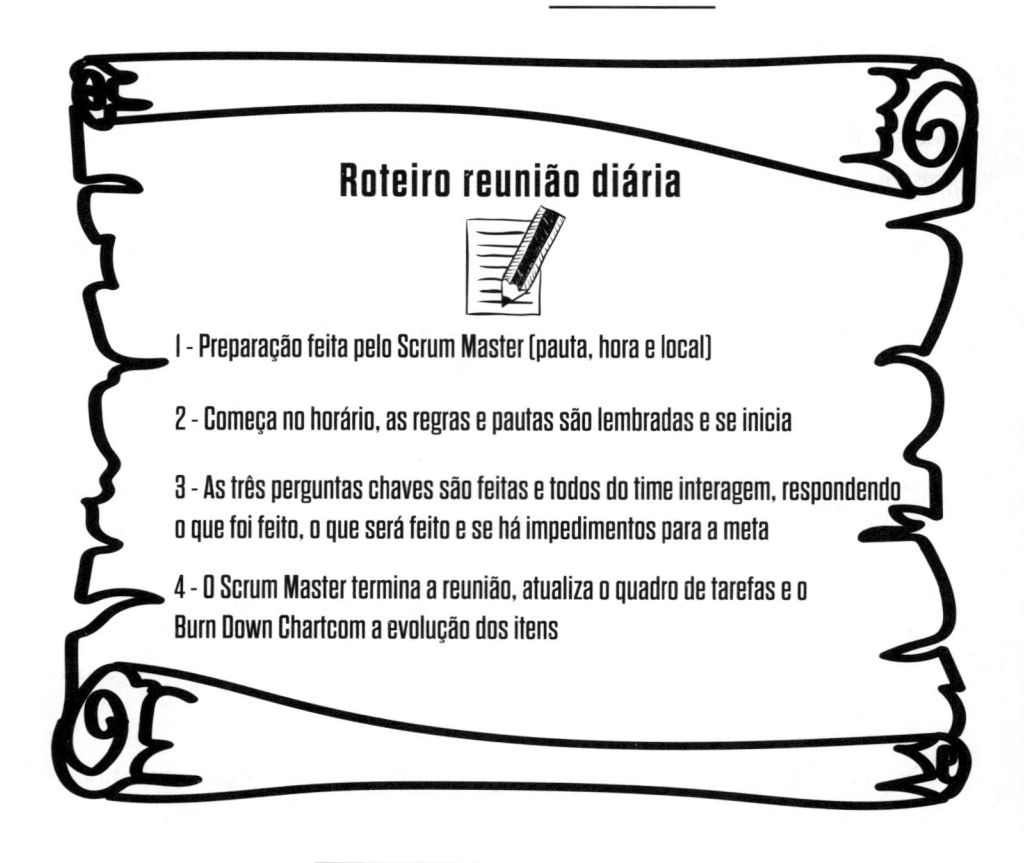

1 - Preparação feita pelo Scrum Master (pauta, hora e local)

2 - Começa no horário, as regras e pautas são lembradas e se inicia

3 - As três perguntas chaves são feitas e todos do time interagem, respondendo o que foi feito, o que será feito e se há impedimentos para a meta

4 - O Scrum Master termina a reunião, atualiza o quadro de tarefas e o Burn Down Chart com a evolução dos itens

Figura 10.8: Roteiro da reunião diária

Aqui menos é mais, sem muito confete. As pessoas certas no lugar certo (o ideal é sempre no mesmo lugar), indicador correto que mostra o caminho da meta, reunião feita de preferência em pé, olho no olho, com proatividade e dinamismo. O espírito dessa reunião traduz a essência ágil. Não se esqueça também da importante definição de "feito" (quais os requisitos de um item feito), que deve ser um norte comum para todos no momento da atualização.

Passo 10: Faça uma boa reunião de revisão ao fim da Sprint, valide o que foi feito e colete feedbacks

É nessa reunião que o time terá um grande feedback específico sobre o incremento que acabaram de construir na Sprint e uma visão renovada do cliente e P.O. sobre o andamento do produto. Uma oportunidade única, que, em geral, não está prevista em um projeto tradicional "em cascata"

Os participantes essenciais são o Product Owner, o Scrum Master e a equipe, mas pode também ter clientes diretos e quaisquer outros que tenham interesse ou possam contribuir de alguma forma com feedback. Uma premissa nessa reunião é só apresentar o que foi considerado "feito" na Sprint, e de forma alguma mostrar algo "em andamento". Lembre-se que é uma reunião de entrega, mesmo sendo intermediária, pode não ser o produto completo, mas é importante que seja um atributo entregável do produto, portanto, não há possibilidade de se entregar algo pela metade. Na figura 10.9, temos um roteiro básico para esse importante evento.

Esse evento também é um bom momento para mostrar o gráfico Burndown geral do projeto. O Product Owner pode auxiliar no que os clientes devem avaliar e explicar à equipe como dar o seu feedback. O grande aprendizado dessa reunião para o time é aceitar o feedback em cada sessão Sprint. Quanto mais a equipe tiver esse aprendizado de feedback, maior será sua energia e motivação para a Sprint seguinte.

Roteiro revisão da Sprint

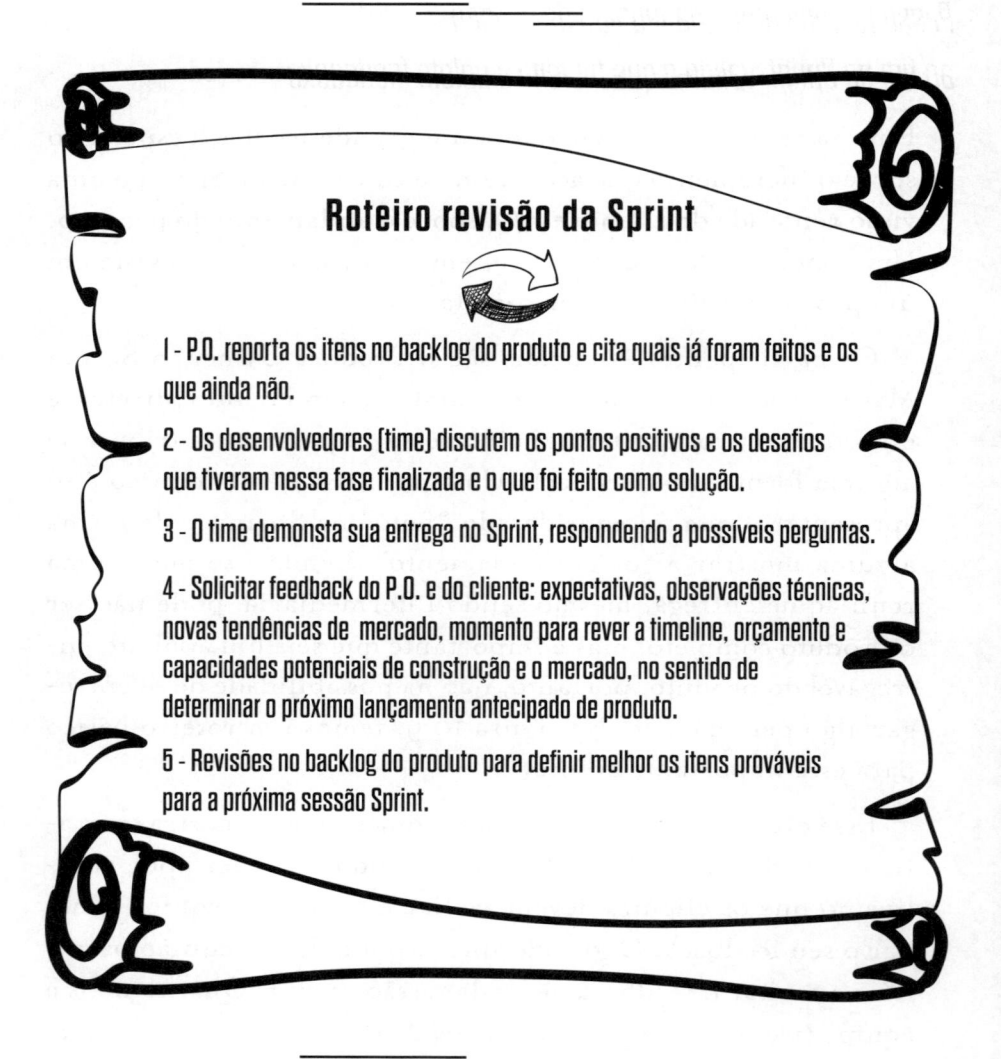

1 - P.O. reporta os itens no backlog do produto e cita quais já foram feitos e os que ainda não.

2 - Os desenvolvedores (time) discutem os pontos positivos e os desafios que tiveram nessa fase finalizada e o que foi feito como solução.

3 - O time demonsta sua entrega no Sprint, respondendo a possíveis perguntas.

4 - Solicitar feedback do P.O. e do cliente: expectativas, observações técnicas, novas tendências de mercado, momento para rever a timeline, orçamento e capacidades potenciais de construção e o mercado, no sentido de determinar o próximo lançamento antecipado de produto.

5 - Revisões no backlog do produto para definir melhor os itens prováveis para a próxima sessão Sprint.

Figura 10.9: Roteiro "Sprint Review"

Passo II: Incorpore aprendizado. Faça a reunião de retrospectiva da Sprint

A Retrospectiva da Sprint é a grande porta de entrada para o time Scrum fazer uma "autoinspeção" e gerar um plano de melhorias a serem aplicadas no *modus operandi* do time na próxima Sprint. Se você se acostumar e realmente aproveitar esse evento, terá um legítimo processo de melhoria contínua a cada Sprint. É um ótimo processo de feedback para o time.

O aperfeiçoamento proposto pela retrospectiva tem efeito positivo em dois grandes aspectos: na qualidade das entregas e, em especial, no ambiente de trabalho.

Para ser eficaz, essa reunião requer certa dose de equilíbrio emocional e uma atmosfera de confiança, lembrando que se quer melhorar o "processo" ágil e não encontrar culpados de problemas. Essa reunião reforça a potência das equipes em praticar os valores do Scrum: compromisso, foco, coragem, abertura e respeito.

Se as equipes não realizarem as retrospectivas, há um grande risco de não evoluírem nos seus processos ágeis de operar e interagir. Muitas equipes têm dificuldades de enxergar que as principais causas de não sucesso tem relação com falta de comunicação, seja com o cliente, seja entre a equipe. E a retrospectiva é justamente uma oportunidade formal da equipe se comunicar e se aprimorar enquanto time ágil.

Seguem algumas dicas para se fazer uma reunião de retrospectiva produtiva:

➤ Escolha um ambiente tranquilo que ajude o time a fazer de fato uma imersão. Mesmo que o local do projeto tenha esse ambiente naturalmente, o ideal é que seja um local diferente.

➤ O Scrum Master deve ser o facilitador e abrir o evento lembrando que, acima de tudo, os valores do Scrum devem ser praticados, em especial, a opinião das pessoas deve ser respeitada e o foco está na melhoria do processo de trabalho, que influenciará diretamente na qualidade da entrega e também no bem-estar e aprendizado das pessoas.

> Divida o quadro/mural em três colunas: continuar, melhorar e ações.

Na coluna "continuar", deve-se colocar itens que os componentes do time acham que foi executado e que deu certo, que a equipe deveria manter na próxima Sprint como uma boa prática.

Na coluna "melhorar", deve-se colocar itens com o que foi executado de maneira não satisfatória e que necessita de melhoria para a próxima Sprint.

Um ponto fundamental é que, para cada item da coluna "melhorar", deve ser incluído um registro na coluna "ações", ao menos uma ação exequível e coerente. Tem que ser algo que possa de fato ser colocado em prática, preferencialmente, que alguém da equipe se comprometa pessoalmente de que não acontecerá na próxima Sprint.

> Ao fim da retrospectiva, essas informações devem ser guardadas e armazenadas para serem consultadas na próxima Sprint e avaliado se de fato a ação foi executada e se houve reincidência de alguns dos itens de melhoria propostos.

> Ações sim, desejo não, esse é um ponto crítico no momento de definir ações. Deve-se ter muito cuidado para as ações serem realmente conectadas em bloquear o item levantado. Imagine que foi colocado na coluna "melhorar" o item "atualização das informações para a reunião diária". Se for indicada uma ação apenas como "melhorar atualização das informações" não se chegará a lugar nenhum. Veja o exemplo a seguir:

Estabelecer horário de atualização das informações até as 7:00 (a reunião é às 7:30), e no início da reunião o Scrum Master indicará de imediato uma nota de zero a dez no nível de qualidade e atualização das informações. E só parar de atribuir nota quando se alcançar "dez" em cinco reuniões consecutivas.

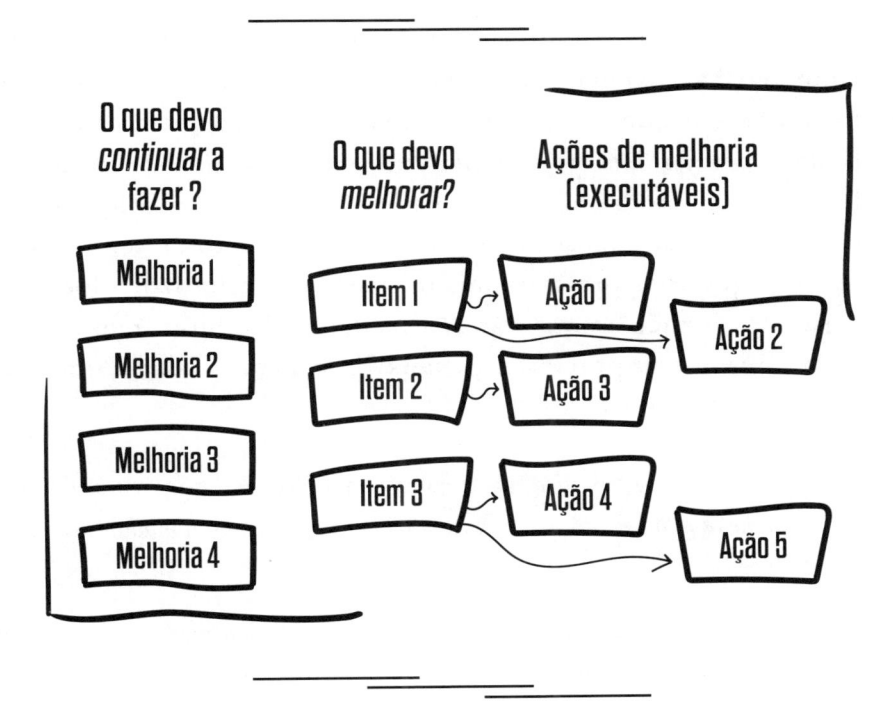

O que devo continuar a fazer?	O que devo melhorar?	Ações de melhoria (executáveis)
Melhoria 1	Item 1	Ação 1
Melhoria 2		Ação 2
Melhoria 3	Item 2	Ação 3
Melhoria 4	Item 3	Ação 4
		Ação 5

Figura 10.10: Quadro evento Retrospectiva Sprint

Fica melhor, certo? Tenha um critério identificado, uma nota de avaliação e o momento e a prazo para ser feito.

Desejo sucesso nessa fantástica jornada ágil!

Finalizo o conteúdo tendo muita fé que você aproveitará este momento para uma profunda reflexão no que foi exposto, te ajudando a desenhar o seu "porquê" e que seja um ponto de partida para se empoderar e experimentar as práticas ágeis aqui descritas, para te ajudar em um propósito que seja nobre para você, seja ele profissional, pessoal ou simplesmente querer se tornar um ser humano melhor e feliz. Pessoas escrevem livro não para "ensinar" diretamente, pois aprender sempre será uma opção sua (lembre-se do *mindset* de crescimento), mas sim para compartilhar experiências e crenças nas quais acreditam. Foi justamente o que busquei fazer aqui, trazendo práticas consolidadas por autores experientes no tema e, acima de tudo, relatar um pouco da minha "experimentação" nas práticas ágeis, e garanto: de fato já se incorporou no meu jeito de ser e atuar, seja em questões profissionais ou pessoais. Finalizo colocando algumas afirmações que não são verdades absolutas, mas são algumas premissas preciosas que auxiliam a consolidar o que discutimos neste livro.

➤ *Não é o método e práticas em si que mudam o rumo dos fatos e os resultados, mas sim a decisão que VOCÊ toma em fazer ou não a mudança (o SEU propósito).*

➤ *Se você está em dia com seu propósito, as práticas ágeis te ajudarão muito, pois buscam auxiliar no que é mais complexo de fazer: entender "o que" precisa ser feito (pergunte ao cliente) e organizar e mobilizar o time para fazer ("como").*

➤ *O que faz você conseguir repetir uma excepcional performance ou melhorá-la ainda mais é o seu aprendizado "da primeira vez que você errou e corrigiu". Não aprender com os erros e querer ter alta performance é o mesmo que colar na prova em toda o período de faculdade e querer ser um bom profissional.*

➤ *Quem tem um* mindset *de crescimento já está na metade do caminho para a alta performance, pois já superou a maior barreira: você mesmo.*

➤ *Incorpore na sua vida os valores do Scrum: compromisso, foco, coragem, respeito e abertura — eles são poderosos.*

Que você tenha uma excelente jornada ágil!

Referências Bibliográficas

CAMPOS, Vicente Falconi. *Gerenciamento da rotina do dia a dia*. 8.ed. Nova Lima: Falconi, 2004.

COUTINHO, Carlos. *A tríade da competência*. 1.ed. Rio de Janeiro: Alta Books, 2020.

DWECK, Carol S., Ph.D. *Mindset, a nova psicologia do sucesso*. São Paulo: Objetiva, 2016.

GOLEMAN, Daniel. *Inteligência emocional*. A teoria revolucionária que redefine o que é ser inteligente. Rio de Janeiro. Objetiva, 1996.

HUNTER, James C. *O monge e o executivo:* uma história sobre a essência da liderança. 21.ed. Rio de Janeiro: Sextante, 2004.

KNAPP, Jake; ZERATSKY, John; KOWITZ, Braden. *Sprint.* Rio de janeiro: Intrínseca, 2017.

LAYTON, Mark C.; MORROW, David. *Scrum para leigos*. 2.ed. Rio de janeiro: Alta Books, 2019.

SCHWABER, Ken; SUTHERLAND, Jeff. *Scrumguide*. Portuguese Brazilian (November 2020). Disponível em <https://scrumguides.org/download.html>. Acesso em 17 jun 2021.

SINEK, Simon. *Comece pelo porquê:* como grandes líderes inspiram pessoas e equipes a agir. 1.ed. Rio de Janeiro: Sextante, 2018.

SUTHERLAND, Jeff. *Scrum: a arte de fazer o dobro do trabalho na metade do tempo*. São Paulo: Leya, 2014.

SUTHERLAND, J. J. *Scrum: guia prático*. Maior produtividade. Melhores resultados. Aplicação imediata. Rio de janeiro: Sextante, 2019.

WOMACK, J. P. et al. *A máquina que mudou o mundo*. Rio de Janeiro: Campus, 1992.

Índice

A

adaptação, 33, 37, 39
afinidade, 217
alta performance, 51, 168, 210, 232
ambiente físico, 99
aprendizado, xiv, 8, 9, 12, 15, 17, 49, 67, 86, 98, 99, 108, 110, 115, 117, 118, 119, 121, 122, 128, 130, 134, 138, 146, 155, 160, 161, 162, 166, 171, 174, 187, 192, 227, 228, 230, 232
aprendizado de feedback, 227
aprendizagem contínua, vii, 121, 160, 161, 167
aptidões, 161
artefatos, 100, 108, 115, 119, 121, 131, 149, 176, 177, 179, 210
autonomia, 213, 214
autorreflexão, 121, 136

B

backlog do produto, 57, 58, 64, 67, 69, 70, 71, 72, 73, 74, 86, 95, 108, 109, 110, 111, 112, 125, 126, 129, 133, 136, 137, 177, 178, 187, 206, 207, 212, 215, 216, 217, 219, 222, 224
Burndown, 136, 137, 138, 224, 225, 227

C

capacidade colaborativa, 213
capacidade de entrega, 58, 217
Carol Dweck, 160, 161
cenário, 8, 9, 10, 11, 12, 14, 18, 19, 24, 49, 63, 187, 190, 207
círculo dourado, 17, 19
complexidade, 218
confiança, 191, 195, 197, 198, 199, 208, 229
consenso, 35, 68, 74, 79, 87, 98, 110, 177, 193, 223
crescimento, xvii, 86, 115, 154, 160, 161, 162, 170, 174, 200, 203, 206, 232

D

dinamismo, 210, 226
doze princípios, 23, 27, 28

E

entrega final, 118
equilíbrio emocional, 229
equipe
    desenvolvimento, 222

motivação, 20, 22, 35, 99, 198, 201, 227
multidisciplinar, 57
time ágil, 167, 229
time multifuncional, 53
velocidade, 222
Equipe de Desenvolvimento, 52, 53, 55, 57, 58, 60, 64, 66, 67, 68, 128, 143, 145
equipe motivada, 213
esforço coletivo, 6
essência ágil, 63, 179, 226
essência do ágil, 19, 29
estímulo, 154, 159

F

facilitador, 193, 199, 212, 229
falta de comunicação, 229
feedback constante, 21
Fibonacci, 221, 222
Filosofia Lean, 83, 150, 152, 153, 154
flexibilidade, 102, 127, 165, 191, 217
Framework Scrum, 42, 43, 45, 46, 47, 48, 56, 59, 64, 69, 71, 76, 77, 78, 83, 85, 93, 96, 102, 103, 108, 116, 118, 119, 121, 133, 149, 152, 154, 155, 176, 177, 183, 191, 195, 206, 207, 209, 210
  artefatos, 46, 48, 69, 70, 71, 76, 78, 79, 81, 100, 108, 115, 119, 121, 131, 149, 176, 177, 179, 210

G

garantia da entrega, 118
gestão dinâmica, 108, 114
gráfico de Burndown, 137, 224, 225

H

home office, 99, 179

I

imersão, 58, 99, 102, 194, 229
implementação
  risco na, 33, 179, 218
incremento, 61, 64, 67, 68, 69, 72, 73, 74, 75, 95, 103, 110, 112, 114, 133, 134, 135, 138, 145, 153, 177, 206, 227
inspeção, 33, 36, 39
inteligência, 160, 161, 170, 173
  emocional, 170, 173

J

Jake Knapp, 91
Jeff Sutherland, 43, 69, 163, 209

K

Kanban, 71, 73, 224
Ken Schwaber, 43, 69, 163

L

Lean Manufacturing, xi, xvi, 86, 148, 150, 152, 154, 155, 173
líder
  ágil
    skills, xvi, 95, 96, 202
  facilitador, 193, 199, 212, 229
  habilidades
    comunicação, 6, 25, 36, 40, 52, 53, 188, 194, 197, 198, 202, 213, 229
    empatia, 126, 188, 192, 194, 195, 196, 197, 202
    humildade, 202

perfil, 186–203

servidor, 49, 199, 200, 201, 214

M

Manifesto Ágil, xv, 23, 24, 25, 27, 28, 29, 38, 40, 91, 188

mapa do projeto, 215

melhoria contínua, vii, 86, 129, 150, 152, 153, 154, 155, 165, 166, 167, 168, 171, 208, 229

métodos de dimensionamento, 223

mindset, xi, xvi, 19, 115, 157, 158, 159, 160, 161, 162, 163, 164, 166, 168, 169, 170, 173, 174, 188, 191, 203, 232

de crescimento, 115, 161, 170, 203, 232

fixo, 66, 161, 162

mobilidade, 118

modelo mental, 87

modelo "tamanho de camiseta", 217

modelo tradicional

cascata, 21, 23, 38, 85, 206, 227

modus operandi, xv, 14, 35, 37, 65, 86, 99, 107, 117, 134, 188, 210, 229

mundo V.U.C.A., 9–13, 11–13, 13, 17–37, 27–37, 167–169, 191–201, 193–201, 197–201

O

objetivo final, 215

P

PDCA, 90

perguntas de ouro, 92

planejamento pessoal, 12

prioridades

ordem de, 223

proatividade, 226

Product Owner, 48, 51, 52, 58, 60, 71, 74, 95, 97, 119, 143, 145, 163, 165, 176, 187, 207, 211, 222, 223, 227

produto completo, 227

projeto tradicional

cascata, 85, 116, 227

propósito, 3, 8, 17, 19, 20, 23, 25, 31, 44, 64, 79, 86, 87, 88, 90, 91, 116, 121, 122, 123, 133, 136, 146, 162, 167, 168, 174, 175, 195, 205, 209, 213, 232

protagonista, 166, 193

R

resiliência, 145

retrospectiva da Sprint, 59, 68, 228

reunião de planejamento, 64, 104

reunião de revisão, 69, 75, 227

reunião diária, 66, 105

revisão da Sprint, 59, 68

S

Scrum

cinco valores, 44, 48, 51, 56, 115, 213

conceitos, 30

eventos, 43, 46, 48, 49, 57, 58, 59, 60, 61, 63, 64, 76, 78, 79, 81, 97, 100, 102, 103, 108, 115, 118, 119, 121, 133, 149, 152, 154, 176, 177, 207, 210, 224

Framework, 30–37

Backlog, 69, 71, 72, 73, 104, 111, 112, 113, 215, 223

Backlog do produto, 69, 71, 72, 73, 104, 111, 112, 113, 215, 223

estrutura, 42–81

incremento, 69, 71, 72, 73, 104, 111, 112, 113, 215, 223

Sprint Backlog, 69, 71, 72, 73, 104, 111, 112, 113, 215, 223

origem, 30

pilar do, 224

pilares do, 34

roteiro, 204-232

time, 48, 96, 107

valores do

    abertura, 43, 70, 72, 73, 98, 105, 116, 168, 177, 178, 183, 202, 229, 232

    compromisso, 43, 70, 72, 73, 98, 105, 116, 168, 177, 178, 183, 202, 229, 232

    coragem, 43, 70, 72, 73, 98, 105, 116, 168, 177, 178, 183, 202, 229, 232

    foco, 43, 70, 72, 73, 98, 105, 116, 168, 177, 178, 183, 202, 229, 232

    respeito, 43, 70, 72, 73, 98, 105, 116, 168, 177, 178, 183, 202, 229, 232

Scrum board, 105, 112, 131, 138, 139, 224

Scrum Master, 48, 49, 50, 51, 53, 54, 57, 58, 60, 64, 66, 67, 68, 69, 74, 86, 104, 105, 106, 113, 119, 128, 143, 176, 177, 178, 187, 195, 197, 202, 212, 213, 214, 222, 223, 225, 227, 229, 231

seleção do time, 97

Simon Sinek, 17, 174

sinergia, 38, 56, 154, 187, 196

Six Sigma, 86, 173

Sprint

    meta da, 58, 66, 68, 73, 112, 223, 225

    retrospectiva, 230

Review, 74, 75, 103, 106, 107, 152, 177, 207, 210, 223, 228

Sprint Backlog, 69, 71, 72, 73, 104, 111, 112, 113, 131, 177, 215, 216, 223

Sprint Review, 103, 106, 107, 152, 177, 207, 210, 223, 228

Sprints

    planejamento das, 72, 128, 130, 222

stakeholders, 215

story points, 219, 220, 222

T

tamanho do esforço, 218

time

    autogerenciável, 54, 57, 65, 66, 119, 214

tomadas de decisão, xvii, 10

transparência, 33, 35, 39, 59, 60, 69, 70, 73, 74, 108, 150, 155, 197, 198, 199, 207, 208, 224

Tríade da Competência, 76, 77

V

visão colaborativa, 210

visão de resiliência, 6

visão do produto, 71, 122, 123, 124, 215, 223

V.U.C.A., xv, 9, 11, 12, 13, 17, 27, 30, 167, 187, 191, 193, 197

Projetos corporativos e edições personalizadas
dentro da sua estratégia de negócio. Já pensou nisso?

Coordenação de Eventos
Viviane Paiva
viviane@altabooks.com.br

Assistente Comercial
Fillipe Amorim
vendas.corporativas@altabooks.com.br

A Alta Books tem criado experiências incríveis no meio corporativo. Com a crescente implementação da educação corporativa nas empresas, o livro entra como uma importante fonte de conhecimento. Com atendimento personalizado, conseguimos identificar as principais necessidades, e criar uma seleção de livros que podem ser utilizados de diversas maneiras, como por exemplo, para fortalecer relacionamento com suas equipes/ seus clientes. Você já utilizou o livro para alguma ação estratégica na sua empresa?

Entre em contato com nosso time para entender melhor as possibilidades de personalização e incentivo ao desenvolvimento pessoal e profissional.

CONHEÇA OUTROS LIVROS DA **ALTA BOOKS**

Todas as imagens são meramente ilustrativas.

PUBLIQUE SEU LIVRO

Publique seu livro com a Alta Books. Para mais informações envie um e-mail para: autoria@altabooks.com.br

/altabooks   /alta-books   /altabooks   /altabooks

ALTA LIFE Editora
ALTA CULT Editora
ALTA BOOKS Editora
alta club

Este livro foi impresso nas oficinas gráficas da Editora Vozes Ltda.,
Rua Frei Luís, 100 – Petrópolis, RJ.